U0500352

新媒体时代大学生网络行为分析及教育管理

XINMEITI SHIDAI DAXUESHENG
WANGLUO XINGWEI FENXI
JI JIAOYU GUANLI

崔三常 —— 著

知识产权出版社
全国百佳图书出版单位
—北京—

图书在版编目 (CIP) 数据

新媒体时代大学生网络行为分析及教育管理/崔三常著. —北京：知识产权出版社，2023.6
ISBN 978 - 7 - 5130 - 8794 - 0

Ⅰ. ①新…　Ⅱ. ①崔…　Ⅲ. ①大学生—互联网络—行为分析 ②大学生—互联网络—教育管理
Ⅳ. ①G645.5

中国国家版本馆 CIP 数据核字（2023）第 112634 号

策划编辑：蔡　虹　　　　　　　　　责任校对：谷　洋
责任编辑：王海霞　　　　　　　　　责任印制：孙婷婷
封面设计：张国仓

新媒体时代大学生网络行为分析及教育管理

崔三常　著

出版发行：**知识产权出版社** 有限责任公司	网　　址：http://www.ipph.cn
社　　址：北京市海淀区气象路 50 号院	邮　　编：100081
责编电话：010 - 82000860 转 8790	责编邮箱：93760636@ qq.com
发行电话：010 - 82000860 转 8101/8102	发行传真：010 - 82000893/82005070/82000270
印　　刷：北京建宏印刷有限公司	经　　销：新华书店、各大网上书店及相关专业书店
开　　本：720mm×1000mm　1/16	印　　张：12.5
版　　次：2023 年 6 月第 1 版	印　　次：2023 年 6 月第 1 次印刷
字　　数：174 千字	定　　价：78.00 元
ISBN 978 - 7 - 5130 - 8794 - 0	

前　言

　　大学生是中国特色社会主义事业的建设者和接班人，大学生的教育关系着中国特色社会主义事业的未来发展。当前，人类正在迎来一个新的网络媒介时代，新兴网络媒介的产生改变了人类的生活方式、生活态度和交际模式。世界著名的媒介理论家马歇尔·麦克卢汉（Marshall McLuhan，1911—1980 年）曾经指出，每一种新媒介的产生与运用都标志着一个新时代的到来，都会对人类产生重大的影响。❶

　　当代大学生是随着互联网的发展而成长的一代，他们与网络的联系是前所未有的。互联网已经完全融入大学生的日常生活，成为大学生学习和生活中的重要内容。互联网的迅速发展在给高校教育管理带来机遇的同时也带来了巨大的挑战。大学生在网络空间的活动范围和行为类型不断扩展，并且不断影响着其社会道德认知和道德判断。因此，网络空间已经成为大学生教育管理的新阵地。系统地研究和把握大学生网络行为的教育管理规律是当前提高大学生教育管理实效性的重要环节。

　　党的十八大以来，党和国家注重加强网络社会治理，强调进一步加强和改进大学生的网络道德建设。党的十九大报告还特别指出，要"加强互联网内容建设，建立网络综合治理体系，营造清朗

---

❶ 麦克卢汉. 理解媒介：论人的延伸［M］. 何道宽，译. 北京：商务印书馆，2000：10.

的网络空间"❶。这彰显了党和国家对加强网络社会治理和青年网络道德建设的高度重视。近年来，各类高等院校加强了对大学生的网络伦理道德教育，引导大学生的网络行为。广大青年学生的网络行为表现总体趋好，但仍有一些青年学生存在网络行为失范的情况。传播网络不良资讯、实施网络暴力、侵犯网络知识产权、参与网络违法犯罪等失范行为在大学生群体中仍然存在。有些大学生对网络行为失范缺乏基本的理性认知和价值判断，导致他们在网络空间中的行为偏离正确的"轨道"。高校是对大学生进行思想政治教育的重要场所，其对大学生网络行为教育管理负有重大责任。高校必须适应网络新媒体时代对大学生思想政治教育的新要求，主动占领大学生网络行为教育管理新阵地，预防大学生网络行为失范的发生，营造清朗的网络空间。因此，研究大学生网络行为问题并提出相应教育管理对策尤为迫切。

目前，我国大学生网络行为教育管理面临一些困难和问题：第一，对大学生网络行为的规律性研究存在不足，缺乏对大学生网络行为本质与特征的全面认识；第二，我国大学生网络行为教育管理的支持理论研究滞后，目前还没有一套公认的科学理论体系指导人们去解决这一问题。本书旨在通过对相关理论的整理分析及对大学生网络行为的全面了解，为大学生网络行为教育管理提供一定的参考。本书将大学生网络行为作为研究对象，在借鉴网络社会学、网络心理学和网络思想政治教育等研究成果的基础上，深入考察大学生网络行为现状，并提出了与开展大学生网络行为教育管理相适应的分析框架和应对体系。

由于本书涉及范围广，加之本人能力不足、编写时间有限，疏漏和不足之处在所难免，恳请各位读者批评指正并反馈宝贵意见。

---

❶ 习近平. 决胜全面建成小康社会　夺取新时代中国特色社会主义伟大胜利 [M]. 北京：人民出版社，2017：42.

CONTENTS

目 录

第一章　绪　论

第一节　研究背景与研究意义

一、研究背景

　　近年来，与互联网相关的大数据、云计算、人工智能等技术的创新速度加快，不断更快、更好地融入人们的学习、生活、生产全领域。网络新媒体发展席卷全球，对人们的生活产生了广泛而深刻的影响，以微信、微博、短视频和移动客户端为主体的网络新媒体日益成为信息传播的主要渠道，报纸、电视、广播等传统媒体也纷纷加入新媒体行列。截至 2022 年 12 月，我国网民规模达 10.67 亿人，互联网普及率达 75.6%；我国手机网民规模达 10.65 亿人，网民使用手机上网的比例为 99.8%；我国即时通信用户规模达 10.38 亿人，占网民整体的 97.2%；我国网络视频（含短视频）用户规模达 10.31 亿人，占网民整体的 94.8%。❶青年人历来是网民中较活跃的群体，尤其是"00 后"大学生，他们是伴随互联网的发展成长起来的一代，互联网已经成为他们生活的一部分。网络新媒体扩展了大学生获取信息的渠道，为大学生提供了掌握自由话语权利，进而主动表达个人意见的机会。青年大学生成为网络自媒体平

---

　　❶ 中国互联网络信息中心．第 51 次中国互联网络发展状况统计报告［R/OL］．（2023 - 08 - 07）［2023 - 08 - 10］．http：//www. cnnic. net. cn/NMediaFile/2023/0807/MAIN169137187130308PEDV637M. pdf.

1

台、网络社交平台中占比较大、使用时间较长的网民群体，这些网络平台已渗透大学生的日常学习与生活。大学生更倾向于通过互联网表达个人的情感和意见，以满足自己的现实生活需要。网络新媒体拓展了大学生的现实生活空间，改变了大学生的思维方式、学习方式、交往方式和娱乐方式。大学生可以通过微信、微博、短视频、直播平台等新媒体在同一时刻分享自己的经历，在掌寸之间了解世界，拉近彼此之间的时空距离。

大学生群体是促进我国互联网发展的重要群体，更是推动我国未来政治、经济、文化社会发展的中坚力量。但是，面对信息繁杂的网络世界，大学生尚不具备精准辨识各类信息的能力，难以客观地认识自己和他人。近些年，大学生群体在互联网领域的网络行为失范问题时常出现，影响了其健康发展，也对互联网的有序发展产生了不良影响。党和国家高度关注青少年的网络行为并构建了各种网络监管机制，网络环境已经有了极大的改善。但是，大学生的网络行为失范问题依旧存在，尤其是在网络社交媒体中，违反社会道德要求和相关法律法规的网络失范行为依旧不时发生。网络行为失范问题已经成为大学生潜在问题教育管理的重点。首先，大学生网络行为存在恶俗化、庸俗化、低俗化倾向。在现实社会，大学生往往是文明素养较高的群体，但是在网络世界，网络的开放性、交互性、匿名性等特征使大学生的一些网络语言突破了社会道德底线，一些粗鄙的网络语言存在于各种网络社交平台中。这些网络语言不仅污染了大学生的精神世界，也为衍生一批潜在的网络暴民埋下了隐患。其次，大学生网络行为存在暴力化倾向。网络空间容易成为大学生宣泄现实情绪的场所，个人情绪在网络上得到发泄，恶意攻击、人肉搜索现象时有发生。最后，大学生网络行为存在走向犯罪的可能性。网络信息的匿名性、开放性、便捷性让违法犯罪的实施变得更加容易。有些大学生的法治观念淡薄，可能会出现网络行为触犯法律底线的现象。

加强大学生网络行为规范，引导大学生网络行为良性发展是当前高校育人工作的重要内容。而高校对于大学生网络行为的教育管理与网络新媒体的发展态势相比存在滞后性。我国高校对大学生网络行为的教育管理一直存在发展瓶颈与困境。首先，高校网络德育内容比较空洞。一些高校对于大学生网络行为的道德教育存在脱离实际的情况，部分教师自身的网络知识储备不足，网络信息技术不过关，因而高校的网络德育显得愈发吃力。其次，高校网络行为教育的内容不全面。高校对于大学生网络行为的教育管理更多地体现在先导性的预防建设方面，而在具体网络行为失范处理方面相对欠缺。最后，高校的思想政治教育工作者面对互联网的席卷之势缺乏主动出击的意识，对于新媒体带给高校育人的机遇和挑战缺乏理性分析，对于大学生的网络行为缺乏关注。

综上所述，如何有效地研判大学生群体的网络行为，引导大学生群体正确地利用网络信息资源规范个人网络行为，从而预防大学生网络失范行为是高校亟待解决的现实问题。工欲善其事，必先利其器。本书尝试根据目前大学生网络行为的基本情况，选用科学、理性的方法，对大学生的网络行为进行深层次的解读与研究，试图寻找能够对大学生网络行为加以分析预测的解决方案，为高校大学生教育管理提供有积极意义的借鉴。

二、研究意义

（一）理论意义

第一，本书基于新媒体背景进行大学生网络行为研究，有利于进一步拓宽大学生思想政治理论教育研究的新视域。网络新媒体作为当代信息科技发展的前沿，为大学生网络行为提供了新资源、新方法与新理念。基于网络新媒体背景推进大学生网络行为教育管理研究，有利于探寻新时代大学生思想政治教育新特点、新规律，从而拓宽大学生思想政治理论教育研究的新视域。

第二，本书中的研究有利于拓宽大学生网络教育管理的研究视角。大学生在网络空间的规范行为，更多地依靠网络道德价值观念的引领和道德自律来实现，这就需要高校对大学生进行网络空间道德教育，提升大学生的网络责任意识，促使大学生在网络空间履行社会道德责任。开展大学生网络行为的教育管理研究，能够进一步拓展网络教育管理的研究视角，全面掌握大学生网络行为的教育管理规律，提升高校对大学生网络行为的教育管理水平，避免网络行为失范现象对大学生产生负面影响。

第三，本书有利于丰富大学生网络行为的理论研究内容。大学生群体网络行为易受网络具体情境与突发事件的影响，因此呈现出很大的偶然性，这增加了大学生群体网络行为分析与研判的难度。如何对大学生群体网络行为进行分析进而实现精准化引导，是各高校面临的重要课题。相较于以大学生个体为分析对象，大数据追踪、群体精准画像等技术能够从整体上对大学生群体进行规律化研究，有助于提高大学生网络行为研判检测的准确性和针对性。结合网络平台的大数据对大学生群体网络行为轨迹进行精准画像，能够准确地了解大学生网络行为的特点，掌握大学生网络行为的规律。本书通过对大学生网络行为进行空间构建、轨迹绘制，来提高大学生网络行为研究的效能，深化大学生网络行为的理论研究。

（二）现实意义

第一，本书中的研究有利于提升大学生思想政治教育的针对性、科学性与实效性。现在的大学生思想政治教育存在理念滞后、供需错位等问题。互联网的快速发展，已经使网络空间成为大学生的重要活动领域，这也使大学生的思想认知不稳定，加大了其产生错误思想与观念的风险。高校思想政治教育发展的速度滞后于大学生思想动态变化的速度，无法解决大学生的实际困惑。应对大学生网络行为的新问题和新情况一直是我国思想政治教育工作的重要抓手。2016 年中共中央、国务院印发的《关于加强和改进新形势下高校思想政治工作的意见》（中发〔2016〕31 号）中提出，要占领大学生思想政治教育的网络新阵地。根据网络新媒体发展的要求，对大学生网络行为进行分析，构建科学、精准、智能的大学生网络行为教育管理体系，推进大学生思想政治教育由现实领域向虚拟领域转型，有助于提升大学生思想政治教育的针对性与精准性，提升高校思想政治教育的成效。本书围绕如何规范大学生网络行为这一问题开展研究，有利于开拓大学生思想政治教育阵地，进一步加强大学生思想政治教育的实效性。

第二，本书中的研究有利于提升大学生的网络道德素养。在网络空间，大学生面对的是更复杂、更多变的环境，他们的思想和行为变得更加复杂化和多元化。大学生正处于价值观形成的关键期，极容易受到网络空间中拜金主义、享乐主义、极端个人主义、历史虚无主义等错误思想的影响。如果高校教育工作者不能及时掌握大学生网络思想和行为的现状与趋势，不能对大学生的网络行为进行良好的教育管理，教育效果必定会大打折扣。通过对大学生网络行为失范原因进行分析，对大学生网络行为进行规范，可以很好地规避大学生网络失范行为，为网络空间带来正面的示范效应，有助于提升大学生的网络道德规范。本书通过研究大学生的网络行为，了解大学生群体的网络行为特点，并提出具体举措，以期弥补高校思想政治教育工作在互联网领域存在的不足，让大学生的道德素养教育更加全面。

第二节　国外与国内研究述评

一、国外研究状况

（一）对新媒体的认识

第一，对新媒体特征的认识。20世纪末，联合国教科文组织将"新媒体"定义为网络媒体。对于新媒体与传统媒体之间的关系，各国学者的观点可以用"仁者见仁，智者见智"来形容。英国学者詹姆斯·柯兰提出从历史的视角，用发展的眼光看待新媒体。新媒体最大的特征在于其附着性：新媒体附着于经济，则使经济呈现新特征；附着于政治，则使政治呈现新特点。"外部语境对互联网很重要，它既能发挥互联网技术的潜能，也能妨碍其潜能的发挥。"❶美国学者比尔·科瓦奇指出，新媒体的重要特征之一，是可以实现人与人之间地位和权力的平等；另一个特征是伴随着信息碎片化，会使信息可信程度陷入值得怀疑的困境。"21世纪真正的信息鸿沟不是接入互联网的和没有接入互联网的人群之间的差距，而是有能力创造知识的人和只会肯定先入之见、故步自封、不再学习的人之间的差距。这是理性与迷信之间的新鸿沟。"❷

第二，对新媒体作用和影响的认识。作为一种新的信息传播手段，新媒体的作用和影响已经远远超出了技术与传播领域。美国学者马克·波斯特曾指出，新媒体对于意识形态的霸权作用已经超过了传统媒体，他在《信息方式：后结构主义与社会语境》一书中指出，"电子媒介强化着文化工业，使意识形态的霸权力量更加强劲……电子媒介进一步证实机器的广泛使用所带来的进步，机器减轻了人类的艰辛，使自然顺乎人类愿望。无论一个人的理论视角是什么，其结论似乎都不容争辩"。❸荷兰学者简·梵·迪克认为，新媒体对人类信息传播生态产生了革命性作用。新媒体改变了人类的生活方式，真正建立起全球联系。"世界从未如此自由，但它也从未如此彼此依赖和联系。在个体层面，对网络的运用已经主宰了我们的生活……在社会层面和世界范畴内，媒介网络、社会网络和

---

❶ 柯兰，芬顿，弗里德曼．互联网的误读［M］．何道宽，译．北京：中国人民大学出版社，2014：23.

❷ 科瓦奇，罗森斯蒂尔．真相：信息超载时代如何知道该相信什么［M］．陆佳怡，孙志刚，译．北京：中国人民大学出版社，2014：207.

❸ 波斯特．信息方式：后结构主义与社会语境［M］．范静晔，译．北京：商务印书馆，2000：8.

经济网络已经蔓延到各个角落，世界已经真正地建立了全球联系。"❶

第三，对新媒体对大学生教育的影响的认识。美国教育部技术办公室发布的国家教育计划《变革美国教育：技术推动的学习》建议，借助信息技术的优势为学习者提供个性化的学习途径。信息技术可以为教育者提供相关的数据分析，以帮助教育者根据数据分析结果采取下一步的行动。❷ 日本比较重视网络新媒体对教育的影响。2016 年，日本在"第五期科学技术基本计划"中提出了构建"超智能时代"的发展理念。日本文部科学省出台了《以尖端技术支持新时代学习推进方略》，提出以信息通信技术（ICT）和大数据驱动教育创新与学习变革。❸ 这表明，日本将信息技术纳入教育体系，并将其作为提升学生能力的重要手段。韩国从 1996 年开始实施教育信息化发展战略，"韩国从小学到大学已经基本实现了数字化教学，研发出 EDUNET、RISS 等学术研究信息系统，并将高校数字教学资源运用到了商业项目中"❹。

综上所述，国外对新媒体的定义和特征虽没有统一定论，但学术界已达成一定共识。国外对新媒体的共识主要集中在三个方面：一是普遍认为新媒体是一个动态的概念，数字化是其主要的特征；二是普遍认同新媒体的影响已经延伸到社会领域，改变了人们的社会交往行为；三是普遍认同网络素养道德教育应该是教育的重要内容，一些国家已经把网络素养道德教育纳入其国民教育体系。

（二）关于网络行为问题

第一，大学生网络行为规范。各国都重视大学生的网络行为，

❶ 迪克. 网络社会：新媒体的社会层面［M］. 蔡静，译. 北京：清华大学出版社，2014：1 - 2.

❷ 冉花，陈振. 国际教育信息化研究系列 I　国际教育信息化机制策略：美国篇［J］. 中国教育网络，2012（7）：34 - 36.

❸ 田辉. 我们从日本超级智能时代的学习变革中看到什么［N］. 光明日报，2020 - 07 - 28（15）.

❹ 毛春华. 国外教育信息化发展战略对我国的启示［J］. 中国成人教育，2017（22）：103 - 106.

西方的一些机构和大学已经制定了相应的网络行为规范。美国计算机伦理协会制定的"计算机伦理十戒"明确了应被禁止的网络行为，南加利福尼亚大学发布的"网络伦理声明"指出了被允许的网络行为和被禁止的网络行为，澳大利亚政府在其制定的《联邦政府互联网审查法》中明确了被禁止的网络行为。大部分国外学者根据大学生网络道德失范行为来研究道德失范现象，并采用调查分析的方法研究大学生网络道德失范问题。美国犹他大学的罗伯特·郑等在《青少年在线社会沟通与行为：网络关系的形成》一书中关注诸如社会的和个人的相关因素对青少年线上交往中的需求与行为的影响，他们认为，青少年的线上行为与其成长需求、社会心理需求、认知需求有关，青少年的这些需求受社会因素和个人因素的影响，而且这些因素也间接地影响青少年的线上行为。❶

第二，大学生网络失范行为的治理。美国学者理查德·斯皮内洛在《铁笼，还是乌托邦：网络空间的道德与法律》中提到，"网络空间的终极管理者是道德价值而不是工程师的代码"❷。也就是说，网络空间虽然是由工程师的代码所打造的，但其秩序和规范依靠的是网民的伦理道德修养。瑞士学者约万·库尔巴里贾所著的《互联网治理》❸系统地对互联网治理的相关内容进行了分析，其议题涉及基础设施、安全、法律、经济、发展、社会文化、人权等多个领域。美国学者米尔顿·穆勒的《从根本上治理互联网：互联网治理与网络空间的驯化》❹采用制度经济学的理论架构，分析基于互联网所产生的全球政策和治理问题，认为互联网治理是基于私

---

❶ 郑，伯罗-桑切斯，德鲁.青少年在线社会沟通与行为：网络关系的形成 [M].刘勤学，黄飞，熊俊梅，译.北京：世界图书出版公司，2014.

❷ 斯皮内洛.铁笼，还是乌托邦：网络空间的道德与法律 [M].2版.李伦，等译.北京：北京大学出版社，2007：50.

❸ 库尔巴里贾.互联网治理 [M].7版.鲁传颖，惠志斌，刘越，译.北京：清华大学出版社，2019：26.

❹ MUEL M.从根本上治理互联网：互联网治理与网络空间的驯化 [M].段海新，胡泳，等译.北京：中国工信出版集团，2019：15.

人合同而不是政府法规，主张互联网社区创建自己的跨国治理体制。

总体而言，国外关于大学生网络行为的研究取得了较为丰富的成果，有其重点和特色：在研究方法方面，主要采用定量分析，以设置行为学实验的方式对大学生网络行为进行分析研判，而定性研究成果则较少；在研究学科方面，主要采取多学科交叉研究，大多是基于社会学、心理学、经济学的相关理论进行研究；在研究层次方面，更多地关注微观环境中网络行为影响要素的研判，而欠缺对于网络行为的整体性考虑。

二、国内研究状况

近年来，随着互联网的迅猛发展，我国学界对新媒体时代大学生网络行为的研究不断深入，并取得了丰富的研究成果。这是本书研究的重要学术资源。我国学界关于新媒体时代大学生网络行为的相关研究主要集中在以下几个方面。

（一）关于新媒体的研究

第一，对新媒体内涵的阐释。上海交通大学的蒋宏等认为，新媒体是指 20 世纪后期在世界科学技术取得巨大进步的背景下，在社会信息传播领域出现的，建立在数字技术基础上的，能使信息大大扩展、传播速度大大加快、传播方式大大丰富的，与传统媒体迥然相异的新型媒体。[1] 中国传媒大学宫承波认为，新媒体是技术催生的产物，是时代的产物。[2] 关于新媒体与传统媒体之间的区别，匡文波提出，数字化和互动性是新媒体的本质特征。与传统媒体相比，新媒体具有即时性、开放性、个性化、分众性、信息的海量性、低成本全球传播、检索便捷、融合性等特征。[3]

---

[1] 蒋宏，徐剑，郑菁菁. 网络电视的传播特点及发展趋势［J］. 电视研究，2004（10）：46 –47.

[2] 宫承波. 新媒体文化精神论析［J］. 山东社会科学，2010（5）：60 –64.

[3] 匡文波. 新媒体概论［M］. 2 版. 北京：中国人民大学出版社，2017：4.

第二，关于新媒体与高校思想政治教育关系的研究。竺照轩认为，新媒体与高校思想政治教育的深度融合是高校思想政治教育发展的必然趋势，它要求以开放性促进融通，实现优质教育资源的高效共享；以个性化提高针对性，满足受教育者不同需求的自主选择；以新媒体思维转变教师角色职能，整合新媒体思想政治教育资源。❶ 严洁和姜羡萍认为，新媒体技术给高校思想政治教育工作的发展注入了创新动力。新媒体技术的融入拓展了思想政治教育的实践场域，改变了主体与客体之间的地位和互动方式，重塑着人们的思维方式和观念。❷ 施春陵认为，高校应在捍卫主流价值、引导争议话题、彰显人文关怀上做好公共沟通，从而达到寻求公众理解的目标。❸ 许多学者有一个共识，即高校在新媒体实践面前不能作为沉默者，而是有责任成为积极的沟通主体。

综上所述，专家学者关注新媒体的发展趋势，并积极探索新媒体与高校思想政治教育的融合问题。学术界研究的重点是借助新媒体技术提升高校思想政治教育水平，改进思想政治教育方法。但是，学术界多是从高校、教师的视角研究新媒体对大学生产生影响所引起的高校思想政治教育改革，而较少从大学生的视角研究此问题。

（二）关于大学生网络行为的研究

国内对大学生网络行为的研究与西方相比起步较晚，但仍取得了丰硕成果。学术界对大学生网络行为的研究主要侧重于网络行为分析、网络行为引导和网络失范行为的研究。

第一，大学生网络行为分析的研究。许多学者以实证研究的方

❶ 竺照轩. 试析新媒体与高校思想政治教育的深度融合［J］. 学校党建与思想教育，2022（6）：64－66.

❷ 严洁，姜羡萍. 新媒体视域下创新高校思想政治教育探析［J］. 学校党建与思想教育，2021（20）：72－74.

❸ 施春陵. 从沉默到协商：高校在新媒体事件中的主体构建研究［J］. 江苏高教，2021（12）：84－87.

式，对大学生的网络行为状况进行了不同视角的分析。滕建勇等从大学生的行为特征出发，把大学生网络行为分为网络学习、网络表达、网络社交、网络消费、网络素养五种类型。❶ 田川和吴俊从网络对大学生的影响视角提出，大学生网络行为的特征表现为网络功能便捷化、网络生活常态化、自我表达与社交频繁化。❷ 周敏从心理学的视角提出，大学生的社交网络行为特点体现在敢于自我呈现和防"窥视"心理并存，信息传递选择性偏好与信息流量逆反心理并存，猎奇心旺盛与网络"意见领袖"认同心理并存。❸ 李小玲从问题视角出发，指出大学生的网络行为存在"屏社交"依赖、价值选择"去中心化"、非理性"指尖决策"、"把关人"角色弱化等新问题。❹

第二，大学生网络行为引导的研究。滕建勇等认为，高校应从转变育人理念、整合育人资源、创新育人载体及加强学生自我教育四个方面着手，逐渐形成重视网络思想政治教育工作的工作氛围，促进网络资源与传统德育资源的整合以及线上、线下优势互补教育机制的形成，不断深化网络思想政治教育的时代内涵，增强大学生网络自律意识和自我约束能力。❺ 李小玲认为，要从外在引导与内在培育两个方面入手引导大学生网络行为：在外在方面，壮大"微空间"主流思想舆论，汇聚"微媒体"传播正能量，强化预警监测和阵地建设，掌握舆论引导主动权和管理权，坚持线上与线下相融合，在服务引导中加强思想教育；在内在方面，培育大学生的

---

❶ 滕建勇，严运楼，丁卓菁. 大学生网络行为状况分析及教育对策［J］. 思想理论教育，2015（5）：81-84.

❷ 田川，吴俊. 大学生网络行为特征及教育引导：以江西 10 所高等学校为例［J］. 教育学术月刊，2017（12）：73-80.

❸ 周敏. 大学生社交网络行为特点及教育对策［J］. 学校党建与思想教育，2017（12）：53-55.

❹ 李小玲. "微时代"大学生网络行为新样态与引导策略［J］. 思想理论教育，2019（3）：79-83.

❺ 滕建勇，严运楼，丁卓菁. 大学生网络行为状况分析及教育对策［J］. 思想理论教育，2015（5）：81-84.

"微媒介"素养，提升其内在自觉和价值品位。❶

第三，大学生网络失范行为的研究。朱琳以实证调查的研究方法，把大学生网络行为失范的类型概括为违规行为、侵权行为、暴力行为和犯罪行为四种类型，并且从内因和外因两个视角分析了大学生网络失范行为成因。❷ 邓艳葵和旷晓霞以系统论为基础，提出了协同合作、齐抓共管的干预网络行为失范的策略：培养大学生网络认知、道德自律和自觉行为三位一体的自我干预能力，构建党政牵头、全体教师参与、学生组织辅助三位一体的高校干预机制，构建社会、家庭、高校三位一体的协同干预体系。❸

综上所述，我国学术界已经对新媒体时代大学生网络行为的教育管理问题进行了较为深入的研究。学界从研究大学生网络行为现状入手，分析了新媒体时代大学生网络行为的特征和属性，并提出了一些可行性对策，这为本书的研究奠定了扎实的基础。不过，由于新媒体是一个不断动态发展的事物，大学生网络行为不断出现新的问题和现象，目前的研究仍存在一些不尽完善之处。首先，在研究对象方面，学术界对大学生网络行为的生态系统性研究得较少。其次，在研究内容方面，学术界对大学生网络行为带来的机遇与挑战研究得较多，而对大学生网络行为引导的理论、理念、原则研究得较少。最后，在研究方法方面，学术界对大学生网络行为的定量研究较多，而对大学生网络行为的定性和规律性研究较少。

总体来讲，新媒体时代对大学生网络行为的关注与研究是全世界不容忽视的课题。国内外学者针对大学生网络行为开展了不同层面的研究，这是进一步提升本书中研究效率的重要基础。时代在发展，互联网技术日新月异，习惯于网络社交新媒体的"00后"大

---

❶ 李小玲."微时代"大学生网络行为新样态与引导策略［J］. 思想理论教育，2019（3）：79 - 83.

❷ 朱琳. 大学生网络行为失范的类型、成因与对策［J］. 华东师范大学学报（教育科学版），2016（2）：88 - 95，121.

❸ 邓艳葵，旷晓霞. 全媒体环境下大学生网络行为失范分析与干预：以广西高校为例［J］. 思想理论教育导刊，2016（9）：151 - 155.

学生在网络行为方面表现出更新的形式和特征。这就决定了我们的研究不能止步，一定要与时俱进，应在已有研究的基础上，进一步深入、全面地开展新的研究。

第三节 相关概念的界定

一、新媒体的概念

（一）新媒体的内涵

媒体（media/medium）是一个外来词，源于拉丁语"medius"，在《现代汉语词典》中解释为交流和传播的工具。纵观各国媒体的发展历史，从印刷媒体如报纸、杂志，到电子媒体如广播、电视，再到互联网媒体，无一不是伴随着技术的革新与发展而出现的。关于新媒体的内涵，目前人们还没有达成一个权威、统一的共识。有学者从时间先后的角度来理解新媒体，认为新媒体是一个流动的、相对的、发展的概念，每个时代都有其称为"新"的媒体。换句话来说，随着社会的发展、科学技术的不断革新，"新"媒体最终会变"旧"，而"旧"媒体也曾经"新"过。它不可能最终被固定在某一种媒体形态上。❶ 也有学者主张，"新媒体"的概念可以表述为："基于现代移动通信技术和互联网技术，具有融合性、互动性的媒介，包括网络媒体、手机媒体、二者融合之后的移动互联媒体或从事上述媒介的信息服务机构。"❷ 目前，新媒体一般是指与互联网有关的媒体形式，所谓的"新"，主要是指基于互联网技术的媒体与传统媒体有着很大的区别。新媒体是基于互联网技术，并随着互联网技术的发展而不断进步的，每一次互联网技术的革新都会

---

❶ 熊澄宇. 对新媒体未来的思考 [J]. 现代传播，2011（12）：126–127.
❷ 彭兰. "新媒体"概念界定的三条线索 [J]. 新闻与传播研究，2016（3）：120–125.

使新媒体从形态到内涵得到充实与完善。相对于传统媒体，新媒体能够用立体化、组合化的传播方式，更快、更全、更丰富地提供各种新闻与资讯。不管是文字、图片还是声音、视频，甚至有趣的动画特效，都可以在新媒体上得到完美的综合体现。新媒体创造了无可比拟的价值和体验，极大地影响着人们的生活方式甚至思维方式。因而，新媒体对人们生活的融入以及传播效果都是传统媒体无法比拟的。新媒体为人们提供了自主选择和获取信息的极大便利，从互联网时代的超链接开始，直至自媒体时代的标签，无论是对传统媒体观点的主观汇总，还是基于网络技术的自动运算，受众可以非常方便地从一个信息关联到另一个信息，沿着事物内在的种种规律进行个性化阅读。同时，新媒体是一个动态的概念，它不是一成不变的。随着互联网的不断发展，新媒体的形式和功能不断更新，其内涵也随之不断演变。"每当一种新的传播技术诞生，'新媒体'和'旧媒体'的定义就会迎来一次更新，这一定义在一定历史时期内得以稳固，直到下一次的传播技术更新。"❶ 综上所述，所谓新媒体，是依托互联网技术而产生的所有媒介形式，它们通过互联网、宽带局域网、无线通信网等渠道，以计算机、手机、平板电脑等为主要数据输出终端，为用户提供各种信息资讯服务。

随着互联网技术和智能手机的发展，网络新媒体的形态日新月异。目前，智能手机已成为个人使用最为普遍的数据终端之一。手机的普及为各种社交新媒体、短视频新媒体提供了良好的平台。根据中国互联网络信息（CNNIC）发布的统计报告，截至 2021 年 12 月，我国移动应用规模排在前四位的 APP 数量占比达 61.2%，其他生活服务、教育等十类 APP 占比为 38.8%。其中，游戏类 APP 数量继续领先，达 70.9 万款，占全部 APP 的比重为 28.2%。日常工具类、电子商务类和社交通信类 APP 数量分别达 37.0 万款、

❶ 韦路，丁方舟. 论新媒体时代的传播研究转型 [J]. 浙江大学学报（人文社会科学版），2013，43（4）：93－103.

24.8万款和21.1万款,分列第二位至第四位。❶本书中所涉及新媒体主要是指涵盖大数据、云计算、区块链以及虚拟现实等新兴技术的数字化互动式媒体。

(二)新媒体的基本特征

第一,新媒体信息主体的普及化。新媒体技术造就了信息主体的普及化。人们对信息的获取不再受时间、地点的限制,只要有网络,就可以随时、随地接收信息。人们也都可以成为信息的发布者,可以自由地表达思想、展示才华。随着新媒体技术的发展,原来只能由新闻专业人员操作的设备的使用门槛越来越低,每个人都可以成为新闻事件的记录者。任何人使用一部手机和一个账号就可以成为新闻热点的发布者。信息的获取和传播不再为少数人所垄断,自由的环境激发了普通民众的创造兴趣和能力。新媒体信息主体的普及改变了传统媒体的单向传播模式,普通民众不再只是被动的信息接收者,他们也可以成为信息传播者。每个人都是社会生活的记录者和见证者,各种思想与言论在新媒体平台上相互碰撞、相互影响。网民对于信息的黏合度更高、参与感更强,他们会不断追踪自己感兴趣的信息,对于获取真相的迫切程度越来越高。新媒体信息主体的普及不断削弱传统媒体的权威性。任何传统媒体如果出现选择性报道、片面性报道都会引起人们的质疑。互联网上纷繁复杂的信息增加了人们辨识真相的难度,每个人都从自己的立场、根据自己的认知去判断信息的真伪。如果和自己的立场、认知不同,人们在第一时间不是选择相信,而是选择质疑。

第二,新媒体信息获取的便捷性。截至2022年12月,我国手机网民规模达10.65亿人,这说明移动互联网几乎占据互联网用户生活的各个场景,成为其最普遍的上网方式。现在,移动终端和移

❶ 中国互联网络信息中心.第49次中国互联网络发展状况统计报告〔R/OL〕.(2022-02-25)〔2022-06-10〕. http://www.cnnic.net.cn/NMediaFile/old_attach/p020220721404263787858.pdf.

动互联网的完美契合使互联网成为一个可以随时随地进行信息传播的媒介。移动终端上网的普及使得使用新媒体平台成为网民的日常生活习惯。4G 技术的成熟以及 5G 技术的发展，让新媒体的传播速度越来越快。新媒体解决了传统媒体在接收信息方面受时间、空间限制的问题，新媒体技术使人们在任何时间、任何地点都能够获取信息。和传统媒体时代不同，在新媒体时代，人们完全可以依据自己的兴趣、需求选择信息。每个人的个性不同，所关注的信息也不同。人们选择信息的自由度更大了，这体现了网民的主体性。一些新媒体平台为了满足网民从海量的信息中自主选择信息的需求，采用大数据筛选技术为用户精准地推送相关信息。不过，一些新媒体平台的信息精准推送技术主导了网民选择信息的权利，限制了网民获取信息的类型和范围，也容易导致网民的"信息茧房"问题。

第三，新媒体行为的不可控性。微博、微信公众号、抖音平台等社交媒体平台为网民提供了展现自我的机会，也培育了一大批自媒体。互联网上的自媒体数量巨大，其中大部分是普通民众，自媒体的迅速发展带来了许多问题。自媒体的内容随意性大，有的只是单纯地记录自己的生活琐事，有的是展现个人才艺，有的是抒发个人感想和心得，有的是关注社会热点问题，等等。自媒体的水平参差不齐，内容必然泥沙俱下、良莠不齐。有些人为了追求点击率、网络流量而过度迎合网民需要，以致走向低俗化、恶俗化，拉低了自媒体的道德底线，这增加了国家对自媒体进行舆论引导的难度。社会上的各种突发事件会在互联网上形成舆论风暴，而自媒体会使舆论影响不断扩大。信息的快速流动使信息传播过程变得难以掌握和监控，给信息传播管理增加了难度。自媒体虽然是宪法言论自由的延伸，但其本身具有媒体属性，因此需要接受规范引导。虽然我国出台了一系列法律法规来约束和管理自媒体平台，但只靠法律对自媒体平台进行规范是不够的。规范和引导自媒体平台良性发展，需要全社会共同努力，不可能一蹴而就。而大学生容易受到网络舆论的引导，其应该学会理性地分析各种舆论，遵守网络法律和规则。

第四，新媒体主体的虚拟性。新媒体将数字化符号作为信息承载的形式，信息传播主体在网络空间中可以虚拟自己的身份。"在新媒体环境下，真实世界与虚拟世界的界限被打破，信息传播的主体和客体之间的信息不再确实，甚至包括姓名、性别、年龄、相貌、职业等基本信息也不能够被准确掌握，人与人之间的交往变得神秘和不可预测。"❶ 这就容易造成信息传播主体与客体之间的信息不对称。新媒体信息传播主体的虚拟性，为网络谣言、错误信息的传播提供了机会。新媒体主体的虚拟性加大了媒体监督、管理和规范的难度。各种各样的自媒体信息量庞大、内容复杂、质量参差不齐，人们对于信息来源的真实性及可信程度了解得并不充分。由于网络的匿名性，一些人可以不必担心自己的身份暴露，而不负责任地发布信息，这使一些不法分子能够乘虚而入引导舆论。任何一个简单的言论都能借助新媒体迅速演化为大众传播。在新媒体环境下，谣言会进一步发酵，其传播范围广、传播渠道复杂。一些社交媒体为陌生人之间的交流开发了社交功能，如"漂流瓶""摇一摇"等，在彼此之间互不认识的情况下，人们可以用虚拟身份、虚拟符号进行信息交流，这加剧了信息传递的虚拟性和匿名性。大学生缺乏社会阅历，思想尚不成熟，极易受到网络信息的影响。因此，应该提高大学生的理性思考和信息辨别能力。

第五，新媒体传播方式的交互性。传统媒体的特点基本上是以媒体为中心，将特定的信息向社会公众进行传播。这是一种自上而下的线性信息传播方式，这种信息传播方式是不对等的，传播者处于主动地位，而接收者处于被动状态。新媒体改变了这种传统的信息传播方式，使所有处于互联网节点上的设备都可以实现信息的传

---

❶ 王文杰，袁文，杨蕾，等. 新媒体环境下高校共青团工作方法创新研究 [J]. 学校党建与思想政治教育，2013 (6)：85-87.

递和交流，网站与网站、网站与个人之间的互动和交流是对等的、即时的。每个用户既可以随时获得全面、准确的信息，也可以作为信息的创造者和发布者，即时地通过新媒体平台把自己的想法和声音发布出来。在这种传播结构中，普通人的话语权得到了充分的体现，个体成为信息的传播源之一。新媒体的传播内容影响着公众的认知。新媒体的传播主体为了生存必须考虑公众的需要和兴趣，公众的需要和兴趣影响着新媒体的发展方向。大学生作为网络空间实践的参与者，既受网络舆论的影响，又能影响网络舆论的走向。大学生有责任、有义务提高自己的思想觉悟，自觉规范自己的网络行为，给风清气正的网络空间提供正能量。

（三）新媒体的发展趋势

新媒体的发展离不开互联网技术的发展与运用。纵观新媒体的发展趋势，其"是建立在计算机信息处理技术和互联网基础上的，发挥传播功能的媒介总和"[1]。随着信息技术的革新，传播媒介不断走向发达和完善。从 2000 年开始，我国网络媒体的交互性就逐渐显现出来。各种社区论坛（BBS）、博客等社交平台的出现，使网络用户可以自由地在网络平台上发表自己的意见和观点。用户与网站之间的双向互动被构建起来，互联网用户不再只是信息的浏览者，也是信息的制造者。之后，随着信息技术的发展，手机、平板电脑等成为新的互联网数据终端，媒体真正开始具有移动便携特性。"3G 时代的来临将使手机媒体具有网络媒体的许多特征，成为人们随身携带的交互式大众媒体。手机是一种小巧的特殊电脑，手机媒体成为互联网的延伸。手机将不仅仅被用来打电话，而且将实现永远实时在线的功能，大家可以随时随地与他人沟通。手机让人类进入全网络时代。"[2] 手机作为个性化的信息传播载体，实现了信息传播主体的平民化，人们可以随时随地上网阅读信息和发布信息。

❶ 宫承波. 新媒体概论 ［M］. 6 版. 北京：中国广播影视出版社，2017：2.
❷ 匡文波. 第五媒体发展新亮点 ［J］. 传媒，2012（1）：65 – 68.

2009 年，我国正式步入 3G 时代，开启了智能手机丰富多彩的移动多媒体业务。网络新媒体对大学生的影响也引起了教育部门对高校网络管理的重视。2004 年 12 月，教育部、共青团中央下发《关于进一步加强高等学校校园网络管理工作的意见》，就新时期进一步加强高等学校校园网络管理工作提出了指导性意见。

2013 年，我国开始步入 4G 时代。高速度性、高移动性、低延时性使 4G 手机的适用范围更加广泛。视频通话、在线游戏、即时上传等功能的普及促进了社交直播平台、短视频平台的发展，丰富了微信、QQ 等社交软件的功能。智能手机强大的媒体功能改变了传统的信息传播模式，给信息传播秩序带来了冲击和挑战。微信、QQ、支付宝等软件几乎聚合了所有的应用功能，这使它们成为一种新的媒体形式。这种新媒体的出现改变了高校思想政治教育的模式——从自上而下的单向输出模式转变为以双向互动为特征的模式。大学生的很多知识、信息来源于自媒体平台，其思想除了受学校影响，也容易受无所不在的自媒体平台的影响。这间接地对高校的大学生教育管理工作提出了更高的要求。在 2014 年教育部关于《高等学校辅导员职业能力标准（暂行）》的通知中，将"网络思想政治教育"作为初级、中级、高级辅导员的职业功能之一，将把握大学生对信息技术的应用趋势、熟悉网络语言的特点和规律、熟练使用各种主要新媒体技术、对网络舆情及时进行研判、对学生的网络行为进行教育引导，并在此基础上运用科学方法对网络思想政治教育开展深入的研究等能力要求，作为对不同等级辅导员的考核标准。❶

当前，5G 作为一种新型移动通信网络，能够为用户提供增强现实、虚拟现实、超高清（3D）视频等更加身临其境的业务体验。5G 技术可以实现实时传输影像信息，打破课堂的物理限制，实现

---

❶ 中华人民共和国教育部. 教育部关于印发《高等学校辅导员职业能力标准（暂行）》的通知［EB/OL］.（2014 - 03 - 27）［2022 - 06 - 10］. http：//www.moe.gov.cn/srcsite/A12/s7060/201403/t20140327_ 167113. html.

不同地域间的全息、互动教学。如果 5G 技术全面普及，将为高校思想政治教育提供更高端的科技手段，也将对高校思想政治工作者提出更高的要求。

表 3 - 1 展示的是移动互联网发展与大学生不同世代。

表 3 - 1　移动互联网发展与大学生不同世代

移动通信系统	通信发展时代	大学生世代
1G	"大哥大"时代	基本涉及"70后"大学生
2G	数字电话时代	基本涉及"80后"大学生
3G	移动多媒体时代	基本涉及"90后"大学生
4G	高速上网时代	基本涉及"00后"大学生
5G	万物互联时代	基本涉及"00后"大学生

综上所述，新媒体已经深入全人类的各个领域，与人们的生产和生活息息相关。新媒体成为人们描述当前时代特征的一个重要因素，很多人用"新媒体时代"一词来形容我们所处的这个时代与新媒体之间的密切关系。所谓时代，一般是指人们依据某些社会特征而划分的历史时期，它代表的是人们所处的时空环境。而新媒体时代是以数字技术、网络技术等新型媒介为主流的时代。新媒体进入人类社会生活的各个层面，推动人类社会发生着深刻的转型，网络行为成为人们的重要行为方式。大学生作为互联网中较为活跃的群体，更是被深深地烙上了新媒体时代的印迹。

二、网络行为的概念

（一）行为的概念

行为是诸多学科研究的对象，不同学科对其概念有不同的界定。生物学认为，动物行为是指动物为了满足个体生存和种族繁衍需要的一切反应的总和。它不仅包括躯体的移位运动和身体局部的细微动作，还包括动物的日常生活活动。按照心理学的观点，行为是人体器官对外界刺激所产生的反应。人的行为起源于脑神经的交合作用，其形成意识后，通过动作表现出来便成为行为。意识是一种内隐性的行为。❶ 社会学认为，人类行为是人类在生活中表现出来的生活态度及具体的生活方式。它是在一定的物质条件下，不同的个人或群体在社会文化制度、个人价值观念的影响下，在生活中表现出来的基本特征或对内外环境因素刺激所做出的能动反应。思想政治教育学则认为，行为是人类为了满足需要而采取的一连串行为（动作）所组成的作为。❷ 思想政治教育学一般是从行为的社会属性来理解和研究行为的。人的社会性行为是通过社会化过程确立的，它与社会环境、社会关系有直接的关系。因此，可以把行为理解为人们在各种社会关系、制度、文化的影响下，为了个体或团体的生存和发展而对外部环境刺激所做出的能动反应。个体差异及环境的不同都会造成行为的千差万别。人们所表现出来的行为特征和方式受自身内在因素与外部环境因素的影响：个人需要、思想观念、情感意志、生活经验等是影响人的行为的内在主观因素；社会规范、社会文化、家庭氛围、学习和工作环境、群体风气等是影响人的行为的外在客观因素。

（二）网络行为的内涵

网络塑造了一个全新的、数字化的社会生活空间。在网络空间里，由人们的行为活动、彼此之间形成的社会关系以及由此延伸出来的社会文化共同构成虚拟社会。人们在虚拟空间里的网络行为成为一种全新的社会行为方式。研究和把握网络行为成为人类研究未来社会发展趋势的重要课题。学术界对网络行为的内涵没有标准定义。人们对网络行为内涵的认识伴随着互联网的发展而不断扩展。早在 1998 年，就有学者分析了网民的网络行为，如张文杰和姜素兰曾指出，互联网的出现使人与人的交往行为出现新特点：一是极大地缩短了人们交流信息的距离，二是克服了以往点对点的交往局

---

❶ 洪守义. 青年行为学［M］. 北京：中国青年出版社，2004：2.
❷ 邱伟光，张耀灿. 思想政治教育学原理［M］. 北京：高等教育出版社，1999：76.

限性，三是使交往具有平等性，四是把个人交往方式与大众化交往方式统一起来。❶ 紧接着就有学者概括了网络行为的概念，认为网络行为是一种特殊的社会活动，其具有社会行为的一般特征，和其他社会行为一样，需要社会规范。❷ 既然认为网络行为是一种社会行为，那么，网络行为从法律意义的角度就应该有自己的权利与义务。之后，有学者分析了网络行为的权利和义务，认为网络行为的权利包括信息共享权、网络人身权、知识产权、信息自由交流权，网络行为的义务包括法律义务、技术义务和道德义务。❸ 当时就网络行为的内涵，学术界达成了一定的共识，即这是区别于人类现实行为的网络虚拟空间的活动，它以数字化符号为载体，在存在形态上具有虚拟性特点，它不像现实行为那样真实可见，但它确实真实发生并可能引起虚拟关系的变化。人们的网络行为虽然是在虚拟空间里发生的，但是其行为后果并非完全局限于虚拟的网络空间，还必然会延伸到虚拟网络之外。人们的现实行为与网络行为紧密联系、无法分割，人们的网络行为和现实行为又是不断转换的。尤其是随着互联网功能的丰富，网络为人们的生活提供了更多的便利，人们的现实行为与网络行为高度地融合在了一起。

从本质上讲，网络行为是人们以互联网为媒介进行的自觉的、有目的的活动。网络作为一种先进手段，为人类创设了虚拟空间。虽然网络行为表现为符号化的形式，但其背后是活生生的、现实的人，所有网络行为的实际执行者都是有意识、有目的的现实人。也就是说，网络虚拟空间的主体依然是现实的人，每一个网络行为都是现实的人的有目的的活动，都体现了现实的人的真实欲望、道德标准和认知水平。人们不论是实施网络行为还是现实行为，都是出于实际客观需要。网络行为所涉及的人与人之间的关系归根结底是

---

❶ 张文杰，姜素兰. 论网络交往行为的新特点 [J]. 自然辩证法研究，1998 (10)：43-46.

❷ 周运清，苏娜. 网络行为与社会控制 [J]. 情报杂志，1999 (3)：11-13.

❸ 孙旻. 试论网络行为主体的权利与义务 [J]. 岭南学刊，2001 (6)：98-100.

利益关系，它是人的现实利益关系在网络空间中的延伸和拓展。网络行为所涉及的利益关系并不是虚拟的，它与现实社会中人与人之间的利益关系一致。人们借助网络实现个人的某种意愿，其在现实生活中的道德观、价值观会真实地反映在网络行为上。但是，网络世界的虚拟性、匿名性使个人身份被隐藏，个人原来的社会关系和社会属性被掩盖，而以另一种陌生面貌出现在网络空间。没有现实法律道德的约束，人们的欲望可能会放大，其行为可能会偏离社会规范。

（三）网络行为的特征

第一，网络行为具有公开透明的特征。要研究和掌握人的行为规律，需要了解人的行为轨迹和特点。人们的各种现实行为都会被记录下来，其在现实社会中的行为所留下的痕迹往往表现为行为对象的改变，比如所做过的各种事情、所使用过的各种物品等。但是，记录人们现实行为的载体多种多样，要实现完全的记录追踪是一件极难的事情。和现实行为相比，网络行为依赖互联网技术而发生，其会以数据的形式被记录在互联网平台上。虽然人们并不能目睹或亲身经历所有网络行为，但其可以通过技术手段发现网络行为轨迹。网络行为具有公开透明的特征，任何人的网络行为痕迹都可以完整地留在互联网平台上，网上转账记录、聊天记录、账号登录记录、网络日志等客观地记录了人们的网络行为。网络行为的公开透明性特点可以帮助人们更全面、更清楚地了解自己的行为状态，如自己的消费状况、娱乐状况、情感交流情况等，从而有助于人们更理性地规划自己的行为。人们在互联网上留下的行为痕迹呈现为数字化符号，这可以帮助人们更精准地分析行为特点，发现行为规律和趋势。例如，商家通过大数据分析客户的行为特点，可以更容易地了解客户需求，从而进行更精准的商业服务和广告推送。但是，网络行为的公开透明性特点也让人们的网络行为失去了相对隐私性。

第二，网络行为具有交往的间接性特征。现实社会中的人际交往一般都是建立在信息对等基础上的面对面交往，交往的双方都是真实的人。与现实社会中人与人之间的直接交往不同，人们的网络行为具有非直接在场的特点。网络行为表现为物理形态的数字化符号的流动，而网络行为主体则隐身在网络空间之外，间接地通过符号输出做出各种行为。网友通过互联网间接交流，彼此会有更多的想象空间。网民通过互联网可以遮掩自己的缺点和不足，将自己美好的一面充分展现出来。由于网络行为的间接性特点，也增加了网络诈骗、欺诈行为发生的概率。人们在实施网络行为时，彼此之间交流的信息可能因为主观故意或客观原因而失真，从而导致人们所进行的网络行为与真实行为之间存在偏差。例如，在发生网络交易行为时，双方只能通过网络符号来辨识对方的真伪，在信息不对称的情况下，诈骗者很容易得手。网民有时没有能力辨别对方的真伪，这就要求网络平台承担起监管责任，对网络行为主体进行必要的监督，以保证网络行为的真实性。

第三，网络行为具有自由性特征。人们的现实行为作为社会化的人的行为活动，受到社会关系的约束和各种社会条件的制约。而网络空间具有虚拟性和匿名性特征，人们完全可以不考虑社会地位、社会关系等各种现实客观因素的制约。由于不受现实客观条件的约束，人们可以在互联网上进行单纯的、非功利性的精神交流，而且彼此不会产生任何心理负担。网络行为使人们的精神世界得到最大程度的满足，人们在精神层面的各种追求在网络世界能够以各种形式实现，满足了人们对自由的向往。大多数网络行为主要依靠人们的自律来自我约束。但是，网络行为已经与人们的现实生活紧密相关，如果网络行为良莠不齐、鱼龙混杂，就会影响网络秩序。为了规范网络行为、净化网络空间，需要构建良好的网络秩序。人们不仅需要法律道德约束其现实行为，还需要法律道德约束其网络行为。

第四，网络行为具有夸张性特征。在互联网平台上，人们通常会使用各种网络符号来表达自己的情绪、传递自己的情感。人与人隔着电子设备进行交流，为了更好地表达自己的情感，吸引别人的注意，人们往往会使用比较夸张的语言和符号。例如，一些网购平台的商家常常使用"亲""宝"等现实社会中很少使用的词称呼客户；一些性格内向的人往往会借助网络平台使用夸张的网络语言来表达自己的情感。但是，网络上亲密的语言、符号有时并不一定是要表达亲密的情感，而只是在表达普通的情感。网络语言表达与现实语言表达是两种不同的表达体系。人们逐渐了解网络语言表达与现实语言表达的区别后，会在现实和网络空间中分别使用不同的语言表达方式。网络空间成为人们宣泄情绪的理想场所。对于在现实生活中不敢做的事情、不敢说的话，人们往往会通过网络空间表达自己的情绪，宣泄自己的不满。例如，人们在网络评论中所使用的语言往往比较夸张，甚至夸大事实，实际上是用比较夸张、强烈的语言来表达自己的情绪，是个人情绪的宣泄。如果混淆两个表达体系就会产生情感错位，在现实社会使用网语言表达会令人产生误解。

第五，网络行为具有理想性特征。与现实社会行为相比较，网络行为具有理想性特征。人们在现实生活中的行为会受到各种现实客观条件的制约。对很多人来讲，个人的理想在现实生活中并不一定都能顺利实现，改变自己的命运需要现实条件和个人努力。而在网络虚拟空间，人们的网络行为表现为数字化的虚拟符号，这种虚拟符号完全可以人为更改。在虚拟世界里，人们可以根据自己的理想给自己设置角色，给自己添加各种想要的东西，去做自己在现实生活中想做而做不成的事情。例如，有些人想当英雄、富翁、美女等，对于这些角色，他们在现实生活中可能无法实现，就在网络空间中去实现。随着网络技术的发展，网络空间的功能不断完善，为人们实现自己心里的愿望创造了更多的机会和平台。网络行为可以弥补现实中的种种不足和缺陷，现实生活中实现不了的愿望，会被投射到网络行为中。例如，那些在现实生活中对生活无能为力，无法改变自己命运的人会把网络空间当作避风港和麻醉剂，他们可能会通过网络游戏、虚拟场景扮演理想的角色来满足自己的精神愿望。

第四节　研究思路与方法

一、研究思路

本书中的研究具有实用性、时效性、实际性。所谓实用性，是指本书的研究目的是为高校思想政治教育工作者提供实际帮助。高校思想政治教育工作者善于对大学生在学校的现实行为进行教育管理，而对大学生的网络行为教育管理则缺乏系统的制度依据和经验借鉴。本书希望通过实践经验研究，总结大学生网络行为教育管理的法律政策依据，归纳高校思想政治教育工作者的工作范围与框架，创新适合大学生网络行为特征的教育管理方式、方法，为高校思想政治教育工作者提供帮助。因而，本书的重点不是进行纯粹的理论研究或单纯的实证调查研究，而是在此基础上进行更具实用性的研究。所谓时效性，是指本书紧跟互联网新媒体发展的最新趋势，研究大学生网络行为的形式和特点，以期为高校思想政治教育工作者提供可参考的意见。新媒体技术的发展可以说是日新月异，在互联网时代成长起来的"00后"大学生对互联网发展趋势的感知更为敏锐，时刻紧跟互联网新媒体发展的前沿，因而其网络行为特点表现出多变性、新颖性、潮流性。本书紧紧围绕当前在大学生群体中流行的网络社交平台，分析大学生网络行为的新特点和新趋势，进而希望掌握大学生网络行为的发展规律和脉络。所谓实际性，是指本书立足于"00后"大学生的实际需要和特点，有针对性地总结大学生的网络行为规范，以及高校思想政治教育的发展方向。与其他群体相比，"00后"大学生有自己的群体性特征，有自己的独特网络行为模式。传统的高校思想政治教育强调教育工作者的主导性，往往会忽略大学生本身的实际需要和特点。本书力求站在"00 后"大学生的立场，从解决"00 后"大学生网络空间活动的实际问题出发，构建高校大学生网络行为的教育管理新模式。

本书借鉴相关学科的理论知识对大学生网络行为的大数据进行分析，并立足大学生的实际特点和需要，力求使研究成果更具有科学性和实践操作性。本书将从以下几个方面展开具体的研究。第一，阐述高校大学生网络行为教育管理的理论基础和知识借鉴。第二，阐述新媒体、大学生网络行为的内涵，详细总结新媒体的当代特点和发展趋势，概括大学生网络行为发展的趋势以及当代 00 后大学生的网络行为类型和特点。第三，对大学生群体的网络行为进行现状分析与归因分析，在现状分析的基础上，总结大学生网络行为的根源，分析主观和客观影响因素。第四，提出大学生网络行为引导的目标、理念和原则。第五，提出大学生网络行为教育管理的机制建设建议，根据大学生个体或群体不同的需求和特征，从学校、思政课教师、辅导员队伍等层面提出具体的建设机制等。

二、研究方法

（一）文献研究法

本书的研究建立在国内外丰富的理论和实践研究成果的基础上，因此，文献研究法是本书所采用的重要研究方法。国内外学者围绕互联网新媒体、大学生网络行为等问题已取得不少研究成果，这些研究成果是本书研究的重要理论基础。各种研究成果纷繁复杂，从庞大的思想"矿山"里提炼理论精髓，是本书研究工作的前期工作。本书通过文献研究法对相关学科领域的知识文献进行梳理，纵向分析相关研究理论的发展趋势，横向对比国内外相关理论与实践的发展动态，科学分类整理、理性评价分析，以此梳理出文献中的共性与差异，厘清研究线索，发现前期研究成果之不足，以此得出自己的研究视角、理论观点和实践模式，为开展本书研究奠定基础。

（二）实证研究法

实证研究法是本书采用的另一种重要的研究方法。新媒体时代的大学生网络行为是一个具有高度实践性问题。本书需要了解互联网新媒体对大学生的影响以及对高校思想政治教育工作的影响。当代大学生的网络行为现状是本书的主要研究对象。本书采用实践调研、大数据分析等手段了解大学生群体行为的具体数据和实例，并且依据大量数据和实例分析大学生网络行为的新特征与新趋势。现在网络平台的人工智能（AI）技术和大数据技术为数据的分类、分析、预测提供了强大的技术支持。本书的研究借用一些网络平台的大数据，对各类数据进行分类整合，为大学生网络行为理论与实践的研究提供坚实的基础。

（三）比较研究法

比较研究法是通过对比不同时期、不同情况下出现的现象或理论，并对其进行考察、分析、鉴别与整理，得出符合客观实际的结论的研究方法。为了进行更深入的研究，本书充分运用比较研究法进行对比研究。为了精准地了解"00后"大学生网络行为的特点，本书在实证调查研究的基础上，客观地对比分析不同年龄大学生的网络行为状况，全面了解"00后"大学生的群体特征和属性。为了理性地分析、总结国外成熟理论教育的合理性和有效性，本书对国外与国内大学生网络行为教育管理模式进行对比，借鉴国外经验，反思自身不足，立足我国现实，对国内大学生网络行为的教育管理提出具有可操作性的建议。

（四）跨学科研究法

大学生的网络行为具有复杂性和层次性特征。新媒体时代的大学生网络行为研究不仅涉及思想政治教育领域，还涉及传播学、社会学、心理学等领域。例如，社会学理论涉及大学生的群体行为分析，心理学理论涉及大学生网络行为的心理需要和特点分析，网络大数据涉及大学生网络行为特点分析和群体画像。本书力求最大限度地促进多学科研究的融合，打破学科之间的界限，用大数据方法弥补思想政治教育学科的不足。为了透彻地了解和分析大学生网络行为，本书在坚持马克思主义基本观点和方法论的基础上，充分利用思想政治教育理论，并吸收借鉴传播学、社会学、心理学等相关理论，探索新时代大学生网络行为教育管理的有效路径。

第二章　大学生网络行为教育管理的理论基础

　　要厘清大学生网络行为的概念与具体研究对象，剖析大学生网络行为的特点，不仅要详细地了解大学生网络行为的第一手资料，还要对相关学术理论进行深入的梳理。马克思在批判资本主义社会关系的基础上所形成的社会交往理论是研究大学生网络行为的哲学方法论基础；习近平总书记关于新时代网络空间建设的系列重要讲话是研究和分析大学生网络行为的指导原则；西方的行为理论则为我们研究大学生网络行为模式提供了理论借鉴。

第一节　马克思哲学思想对大学生网络行为的哲学方法论借鉴

一、马克思的社会交往理论对正确处理虚拟社交关系的方法论借鉴

　　马克思的社会交往理论对理解网络虚拟社交本质具有指导意义。马克思曾在《德意志意识形态》中指出，"发展着自己的物质生产和物质交往的人们，在改变自己的这个现实的同时也改变着自己的思维和思维的产物。不是意识决定生活，而是生活决定意识"❶。人类社会的物质发展水平和社会生产方式决定了人们的交

---

❶　马克思，恩格斯. 马克思恩格斯选集：第 1 卷 [M]. 北京：人民出版社，2012：152.

往形式与交往手段。社会交往是人们进行物质文化交流的主要手段，各种社会交往构成了人类社会生活的各个方面。社会交往的主体是现实中进行实践活动的人，人们通过不同的交往形式实现个人的自由发展。现代社会交往方式是人类社会生产方式发展到一定阶段的产物，人们所形成的交往观念也是社会交往形式在其头脑中的主观反映。

当前，互联网的普及改变了人们的人际关系和人际交往形态，越来越多的人依赖互联网实现人与人之间的交往，青年人更是把互联网络虚拟交往作为自己人际交往的主要途径。互联网虚拟交往给人们带来了生活上的便利，也给个人和社会带来了很多新问题。如何看待虚拟交往，以及如何引导虚拟交往的发展，是现代人类面临的重大新课题。马克思的社会交往理论为我们理解互联网虚拟交往提供了理论指导。互联网虚拟交往并不是完全脱离于现实社会的交往形式，它虽然是人们利用数字化符号进行信息交互的行为，但其在本质上是人们现实交往意愿的实现，它以人们的现实社会关系为基础，同时也会改变人们在现实社会中关系。人们的现实社会关系和物质条件决定了其虚拟交往情况，而虚拟交往又反过来影响和改变着人们的现实社会关系与物质条件。因此，理解互联网虚拟交往离不开对社会现实和社会交往的深刻认识。

由于交流方式和场景的不同，与传统交往方式相比，互联网虚拟交往有着自己的特征。首先，互联网虚拟交往的主体是虚拟化的。网络交往是利用信息化设备进行互动的交往模式，它不是人与人之间的直接对话，而是人与机器之间的直接对话，是人—机—人的交往模式。在交往过程中，交往主体可以完全隐藏自己的真实身份，随意选择各种心仪的虚拟身份与别人交流。这种方式可以避免人与人直接对话的尴尬，也可以避免人与人直接对话时不同身份、地位的约束。人们可以按照自己的喜好选择不同的交往方式和交往对象，具有极高的自主性。但是，网络虚拟交往弱化了交往活动的真实性，也会在交往中导致各种不良信息和虚假信息的流入，影响网络交往的健康发展。其次，互联网虚拟交往的范围更加广泛。全球互联网的搭建和升级完善，使网络交往不受距离、时间、语言、国界等条件限制，网络交往的范围不断扩大，网络交往的形式不断增加。人与人之间不仅可以通过互联网进行信息交流，还可以进行经济交往、情感交往、文化交往等，人们的生产、生活、学习变得更加便利。现在，网络虚拟交往已经成为人们生活的一部分，它潜移默化地改变着人们的现实交往方式。网络虚拟交往对人们的现实生活影响越来越大，如果对网络虚拟交往的管理跟不上其发展速度，网络虚拟交往中的不良现象就会影响现实社会中人与人之间的信任，从而危害社会安全。

如何正确引导大学生的网络虚拟交往是高校育人工作面临的新课题，马克思的社会交往理论为高校正确引导大学生的网络虚拟交往行为提供了方法论指导。网络虚拟交往是大学生现实交往的延伸。受客观条件的限制无法在现实社会中实现的社会交往，能够通过互联网平台得以实现。网络虚拟交往和现实交往一样，都是人们交往意愿的表达，都会带来社会关系的变化。所不同的是，大学生的现实交往受到现实社会条件和规则的制约，而网络虚拟交往受到网络环境和规则的制约。在互联网时代，虚拟交往成为大学生生活的常态，大学生的现实交往与虚拟交往已经融为一体，大学生的虚拟交往是其现实交往意愿的反映，影响着其现实生活。网络虚拟交往是现实交往的辅助工具，它不能替代人与人之间的现实交往。大学生不能过分地依赖互联网社交，而是应立足人与人之间的现实社交培养人际关系。网络虚拟社交与现实社交应该具有相同的社会秩序规范。因此，高校不能把对大学生的现实行为引导规范与虚拟行为引导规范割裂开，而应该把二者高度统一起来。高校已经具有非常完善的规章制度和教育机制来引导与规范大学生的现实行为，但是，针对大学生虚拟行为的规章制度和教育机制还不健全。因此，大学生网络虚拟行为的规范和教育是目前高校育人工作的重点。依据马克思的社会交往理论，高校的思想政治教育工作应该是一种精神交往和物质交往相互作用的实践性交往模式。高校一方面应该建立和完善规范大学生网络行为的各种规章制度，通过现实的制度约束引导大学生的网络行为；另一方面应该加强对大学生的思想教育，提高大学生的思想认识水平，让大学生正确地看待网络行为与现实行为的关系，从而自觉地规范自己的网络行为。

二、马克思的异化理论对正确处理人与互联网关系的方法论借鉴

当下，互联网作为一种新型交往媒介，在丰富人们的物质文化交往的同时，也带来了一些人过度沉迷互联网而影响正常生活的问题。马克思的异化理论可以帮助我们阐释一些人过度依赖互联网而反受其牵制和约束的根本原因。马克思在《1844 年经济学哲学手稿》中曾深入阐释资本主义社会的异化现象，"对象化表现为对象的丧失和被对象奴役，占有表现为异化、外化"[1]。异化是指主体在自身的发展过程中，因为自身的活动而创造出来的东西最终变成自己的对立面，这个对立面作为一种外在的、异己的力量反过来损害主体自身。在资本主义生产方式中，工人通过劳动制造出来的产品，结果成为工人异己的力量，工人生产得越多，其境遇越差。在互联网时代，网络作为科技发展的产物，原本是人类为了更大限度地实现自由和解放而创造的。但是，现在很多人过度依赖网络，沉迷于网络虚拟世界，网络不但没有成为实现人的自由目的的工具，反而主宰了人们的时间。上网不但没有解决人们的现实问题，反而让人们试图躲在网络世界里逃避现实问题。互联网对大学生的日常生活产生了深远的影响，一些大学生成为手机"低头族"，因沉迷网络世界而荒废了学业，因沉迷虚拟交往而忽视了现实交往。

互联网的虚拟性、匿名性、即时性特点原本是要消除人们现实

---

[1] 马克思，恩格斯. 马克思恩格斯文集：第 1 卷［M］. 北京：人民出版社，2009；157.

交往中的一些障碍和困难，为人们的交往提供更好的机会，实现个人的全面发展。但实际上，互联网的这些特点反而损害了人的本质属性。人们在现实社会中所遵守的道德秩序在互联网上被弱化，个人的欲望和利益在互联网上被放大，公共秩序和他人利益有可能被侵犯，人与人之间的关系在互联网上不断被稀释、拆解。对于大学生来讲，如果不能正确地使用互联网，极有可能让互联网成为个人发展的对立物。例如，一些大学生原本希望通过互联网拓宽自己的社交范围，却因为过于依赖网络社交而忽略了现实社交，结果让自己变得越来越"宅"。而一些互联网公司和平台为了追求商业利润，不断迎合用户的心理偏好，通过具有感官刺激性的叙事表达方式来满足用户的猎奇心理，导致泛娱乐主义、享乐主义、功利主义、消费主义、个人主义等不良思潮日益泛滥，一些低俗、恶俗、庸俗的信息充斥着互联网。

根据马克思的异化理论，要实现人的真正自由而全面的发展，必须让互联网回归工具本性，让人成为互联网的主人。互联网只是实现人的发展的工具，人在互联网中的各种活动都是为了实现其自身的更好发展。首先，党和国家要规范与引导互联网的健康发展，规范网络资本、网络平台行为，以社会主义核心价值观引导互联网空间发展，营造良好的互联网环境。其次，网络平台要自觉履行社会责任，超越唯流量、唯利润的生长逻辑。最后，个人要养成合理使用互联网的习惯和树立合理使用互联网的思想观念。

大学生正处于人生成长的关键阶段，在互联网的使用方面，他们的心理还不太成熟，不够理性。高校和教师有责任教育与引导大学生形成正确使用互联网的习惯和观念。高校和教师要以社会主义核心价值观与社会规范教育大学生，引导大学生遵守网络社交规范，保证大学生的现实行为与网络行为的一致性。网络社交应该是现实社交的扩展和延伸，而不应该成为现实社交的对立面，这样才能避免互联网的异化，从而回归互联网的工具本性，真正为大学生的生活和学习服务。

三、马克思的人本思想对大学生网络行为引导的方法论借鉴

大学生在网络上的活跃度非常高，他们敢于在网络上表达自己的观点和意见，同时也极易受到网络舆论的影响。如何在体现大学生个性的同时，对其进行网络舆情引导，是高校面临的课题。马克思的人本思想对于大学生的个性发展和教育具有指导意义。马克思指出，"他们的需要即他们的本性，以及他们求得满足的方式，把他们联系起来"❶。马克思的人本思想的价值立场是实现每个人自由而全面的发展。人的自由而全面的发展包括人在各种层次上的需求和自由个性的全面发展，个人合理需求的满足是人的自由而全面发展的前提和基础。高校对于大学生网络行为的规范和网络舆论的引导不能忽视大学生的实际需要。如果大学生本身的需求没有得到尊重和满足，那么这种教育方式就不会得到大学生的认同，其效果必然不佳。因此，高校在进行教育管理的过程中，要充分关注大学生自身的利益诉求和价值理念。首先，高校对大学生网络行为的教育管理要从大学生的实际需要出发，注重大学生的实际网络行为和诉求。高校应关注大学生的学习和生活情况，从帮助大学生解决网络活动中的问题和困难入手，帮助大学生识别网络信息的真伪，避免网络陷阱，这样才能获得良好的教育管理效果。高校在解决大学生实际困难的过程中会拉近其与大学生的关系，能够对大学生网络行为进行积极的引导。其次，高校在进行大学生网络行为教育管理时要注重大学生的心理健康引导。许多大学生网络失范行为与大学生的心理压力有密切联系。高校要在实际工作中尊重大学生的个性，站在大学生的立场思考问题，对其进行心理疏导。最后，高校要注重培养大学生的理性思维能力。高校应在尊重大学生个性的基础上，培养其独立思考能力。大学生是社会化的独立个体，高校不

---

❶ 马克思，恩格斯．马克思恩格斯全集：第 3 卷［M］．北京：人民出版社，2009：514－515.

能替学生做决策，替学生做主。高校进行网络行为教育管理的最终目的是提高大学生自觉实施正确网络行为的能力。

第二节　习近平关于互联网的重要论述对大学生网络行为教育管理的指导意义

党的十八大以来，习近平总书记高度重视互联网对于社会发展的重大影响。他在视察解放军报社时曾指出："现在，媒体格局、舆论生态、受众对象、传播技术都在发生深刻变化，特别是互联网正在媒体领域催发一场前所未有的变革……"❶ 互联网正催发世界传统媒体向新媒体转变的革命，所有领域都要适应这种变化，处于意识形态斗争前沿阵地的高校更要适应这种变化。习近平总书记关于互联网的一系列重要论述为高校在互联网时代的改革确立了指导性原则。

一、习近平关于网络空间的论述对大学生网络行为教育管理的指导意义

人类社会已经进入数字化时代，网络已成为人类活动的"第五空间"。网络空间与全世界每个国家的命运休戚相关，共同维护好网络空间的秩序是人类的共同使命。但是，有些国家和个人为了自己的利益，在网络空间谋求霸权地位，恶意破坏网络规则，侵犯他人的权益。网络空间中正义与非正义的力量在持续博弈。习近平总书记在 2015 年 12 月召开的第二届世界互联网大会上首次提出"共同构建网络空间命运共同体"的主张。他指出："网络空间是人类共同的活动空间，网络空间前途命运应由世界各国共同掌握。各国

---

❶ 习近平．为实现中国梦强军梦提供思想舆论支持［N］．人民日报，2015 - 12 - 27（01）．

应该加强沟通、扩大共识、深化合作，共同构建网络空间命运共同体。"❶ 习近平总书记站在全人类的思想高度审思网络空间治理问题。在他看来，网络空间的前途应该由世界各国共同掌握，人类需要推动制定各国普遍接受的网络空间规则和网络文明体系。

对大学生来讲，网络空间是其网络活动的场域，积极、健康的网络空间环境能够给大学生提供极大的帮助。网络空间虽然是一种虚拟时空，但其中的活动都是由网民的网络行为构建起来的。网络空间与网络行为密不可分，网络空间秩序需要由全体网民共同维护。互联网的持续发展需要必要的规范，而不能无序发展。对高校来讲，需要培养大学生的网络空间规范意识。首先，高校要培养大学生的网络规则意识。网络世界不是无规则的、可以肆意妄为的世界。互联网是无界的，但互联网行为是有界限的。高校要及时制定相应的规则来规范大学生的网络行为，使大学生自觉遵守相关规章制度。其次，高校要倡导网络空间健康发展的全人类共同价值观。互联网是各种价值观、文化自由交流和碰撞的场域，但是，各种价值观的无序冲突、不良价值观的野蛮生长会对青少年产生极为不利的影响，也会严重威胁网络空间的健康发展。网络空间的维护离不开全世界各国人民的共同努力，世界各国应该达成共同维护网络空间健康发展的价值共识。高校要把握网络传播规律，积极倡导符合网络空间健康发展要求的全人类共同价值观。最后，高校要增强大学生自觉维护网络空间的责任意识。网络空间是人们的公共场地，需要人们共同维护。人们不能一方面享受互联网带来的便利，另一方面却损害互联网的秩序。维护网络空间应该从我做起，从自身做起。高校要积极地加强网络基础设施建设，将最新的网络技术引入校园建设中，让学生享受便捷的网络服务。同时，高校还要培养大学生的责任意识，让他们了解良好的网络空间来之不易，从而自觉维护网络设备和网络秩序。

---

❶ 习近平. 习近平谈治国理政：第二卷 ［M］. 北京：外文出版社，2017：81.

二、习近平关于网络安全观的论述对构建大学生网络行为秩序的指导意义

互联网为全世界人民提供了便利，也对世界安全提出了挑战。互联网突破了时空上的物理限制，传统的国家安全综合防控体系已经难以满足网络时代维护国家主权和安全的需要。党的十八大以来，习近平总书记高度重视网络安全工作，他从全球化视域出发，对我国网络安全建设进行了统筹部署。2018 年，中共中央成立网络安全和信息化委员会，负责我国网络安全等重大工作的顶层设计、战略布局和协调推进。网络空间是现实社会的延伸和拓展，其安全是国家主权安全的重要内容。我国网络空间既面临着病毒攻击、信息泄露、网络诈骗等传统的网络安全威胁，也面临着网络意识形态安全问题。网络已经成为西方敌对势力对我国进行意识形态渗透的主要途径。习近平总书记曾指出，"在互联网这个战场上，我们能否顶得住、打得赢，直接关系我国意识形态安全和政权安全"❶。高校网络安全是我国意识形态安全的重要内容，因而高校对大学生网络行为的教育管理必须把网络安全放在重要位置。首先，高校应该把引导积极向上的校园网络舆论、建设清朗的校园网络空间作为其网络工作的重要内容。其次，高校要建立和完善校园网络舆论监管机制，特别是要加强对微博、微信、短视频等自媒体平台的舆情管理，确保校园网络意识形态的主流方向。再次，高校要增强网络安全意识，坚守自身的意识形态阵地，培养一支思想政治宣传和教育队伍，牢牢抓住学校的意识形态主动权，与一切不良网络社会思潮作斗争，真正做到守土有责、守土尽责。最后，高校要积极开展针对大学生的各种形式的网络安全教育，切实提高大学生的网络安全意识，让大学生自觉维护网络安全。

---

❶ 习近平. 胸怀大局把握大势着眼大事 努力把宣传思想工作做得更好 [N]. 人民日报，2013 - 08 - 21 (01).

三、习近平关于网络意识形态的论述对大学生网络舆论引导工作的指导意义

随着网络成为我国大学生的主要活动场域，其也逐渐成为西方对我国进行意识形态渗透的重要途径。一些势力、资本利用互联网主导网络舆论走向，各种信息、谣言充斥网络，威胁着我国的社会意识形态建设。新自由主义、历史虚无主义、极端个人主义等不良社会思潮在互联网上以各种形式蔓延，严重影响了当代青年的价值观念。习近平总书记高度重视网络舆论工作，他以马克思主义意识形态思想为指导，在对我国当前意识形态工作和互联网发展准确把握的基础上形成的网络意识形态理论为高校开展网络意识形态工作提供了方法论指导。习近平总书记指出："打赢网络意识形态斗争，必须提高网络综合治理能力，形成党委领导、政府管理、企业履责、社会监督、网民自律等多主体参与，经济、法律、技术等多种手段相结合的综合治网格局。"❶ 这为加强网络意识形态阵地治理、营造清朗的网络空间指明了方向：首先，要落实各级党委和领导干部的意识形态工作责任制；其次，要坚持系统观念，方方面面齐动手，形成从技术到内容、从日常安全到打击犯罪的治理合力；再次，要坚持依法治网、依法办网、依法上网，让互联网在法治轨道上健康运行，要抓紧制定立法规划，完善互联网信息内容管理、关键信息基础设施保护等法律法规，依法治理网络空间，维护公民的合法权益；最后，要加强技术手段的革新及应用，全面提升技术治网能力和水平。

习近平总书记就网络意识形态思想对高校大学生网络舆论引导工作提出了具体要求。首先，高校要坚持系统观念，整合学校各方面力量，形成齐抓共管的局面；党委负总责，各级党组织、各级部门分工负责；学校成立专门机构负责网络舆情管控，统筹协调高校

---

❶ 习近平. 敏锐抓住信息化发展历史机遇 自主创新推进网络强国建设 [N]. 人民日报，2018－04－22（01）.

网络安全和舆情的预警处置工作。其次，高校要发挥党组织的主体责任，保障责任落地、责任落实，把工作做实做细；学校党委要加强校园网络建设，构建校园网络舆论引导平台；学校要重视网络意识形态工作队伍建设，加强党务干部、思想政治工作干部、思想政治理论课教师、辅导员等骨干队伍建设，强化网络意识形态教育工作，掌握教育的主动权。再次，高校要创新网络意识形态工作的方式方法，加强学校舆情监控体系建设，充分利用大数据平台，及时搜集、研判舆情，分析高校意识形态领域的新情况、新动态，确保网络舆情安全；高校教师要转变意识形态教育观念，改变刻板、传统的宣传方式，积极运用网络媒体和网络语言，采用大学生喜闻乐见、通俗易懂的方式进行意识形态宣传教育。最后，高校要构建校园网络文化氛围。高校校园文化是育人的重要载体，要将丰富多彩的网络文化融入校园文化建设，形成高校网络文化培育的良好氛围，以良好的文化氛围潜移默化地影响大学生。

第三节　西方行为理论对大学生网络行为 教育管理的借鉴作用

　　网络作为现实空间的扩展，已经成为人类社会生活的一部分。以网络为载体的人际互动和网络行为方式已逐渐成为大学生生活中的一种常态化模式。网络行为因具有隐秘性、虚拟性、高智能性等特点，往往不易规范而导致越轨和失范问题。因此，网络行为的疏导和规范是一个全球性问题。西方的一些行为理论对分析大学生的网络行为具有一定的借鉴意义。尤其是西方行为理论所采用的一些量化分析方法有助于我们分析大学生网络行为的特征。这为我们有针对性地加强教育与管理提供了借鉴。

一、哈贝马斯的交往行为理论

　　哈贝马斯是法兰克福学派第二代的主要代表人物，他曾针对西方社会所盛行的工具理性、意义失落而提出交往行为理论。哈贝马斯的社会交往行为理论可以帮助我们审视大学生网络交往行为的本质。哈贝马斯曾在借鉴马克思的社会交往理论的基础上，分析了资本主义国家社会的各项危机。他认为，要想改变世界的现状，必须从工具理性转向交往理性。在 1981 年出版的《交往行动理论》一书中，哈贝马斯将社会交往行为归纳为其理论的核心范畴。他"把以符号为媒介的相互作用理解为交往活动。相互作用是按照必须遵守的规范进行的，而必须遵守的规范规定着相互的行为期待，并且必须得到至少两个行动的主体人的理解和承认"❶。哈贝马斯交往行为理论的目的是建立一个普遍的"规范基础或标准来描述、分析、批判、评价现代社会的结构"❷。

　　哈贝马斯将人的交往行为分为四种类型。第一种是原始目的性行动，即采取相应手段实现所定目的的行动，这种行动主要涉及客观世界。第二种是规范调节性行动，即社会集体成员根据社会共同价值规范所采取的行动，这种行动主要涉及社会世界和客观世界。第三种是戏剧行动，即行动者为了追求主观感受，在公众面前表现自我观点、态度、情感的主观性行动，这种行动主要涉及主观世界和客观世界。第四种是社会交往行动，即行动者之间以语言或非语言符号为媒介的行动，这是人类的高级行为模式。行动者基于各自理解和积累的生活世界视域而行动，这种行动涉及主观精神、客观世界以及社会各界的各种人和事物。根据哈贝马斯的交往行为理论，社会交往行为是通过语言符号和媒介自发产生的交往行为，交往主体需要遵循某些有效的行为规范，社会交往的目的是达到行为主体意志的相互理解。哈贝马斯的社会交往行为涉及主体间的行为关系，更多依赖语言理解达成意见一致，依赖作为知识储备的文化因素的调节。因而，哈贝马斯认为，建立在生活世界概念基础上的

---

　　❶　哈贝马斯. 作为"意识形态"的技术与科学［M］. 李黎，郭官义，译. 上海：学林出版社，1999：49.

　　❷　侯均生. 西方社会学理论教程［M］. 天津：南开大学出版社，2007：343.

通用语言是现代人走向社会交往自由的必要手段。

构建理性社会交往关系是哈贝马斯交往行为理论的精髓，其对于我国构建新型大学生网络行为规范具有一定的启发和借鉴意义。哈贝马斯的交往行为理论为分析当前网络空间行为提供了可借鉴的方法。网络交往行为一般是指网络交往主体利用网络信息技术，在互联网上表达意愿、交换信息、进行商业交易等虚拟的人际交往活动。网络的虚拟化使大学生面对面的交流被计算机、手机等新媒体平台所取代。哈贝马斯的社会交往行为与当前的网络空间交往一样，都把语言视为一种全面沟通的媒介；交往主体都是从自己生活的世界出发，注意主体间的关系，寻求进入一个共同的语境。

按照哈贝马斯的理论，网络行为也可分为网络目的性行为、网络规范性行为、网络主动表达性行为和网络社会交往行为。网络语言同样被看作一种网络交往行为的媒介，网络交往主体从各自的生活世界出发，在网络世界中建立联系。首先，由于网络的工具理性和功利主义倾向，大学生的网络行为存在哈贝马斯所揭露的异化倾向。作为交往媒介的语言如果被权力和金钱所控制与同化，就会失去协调、理解的功能，人们的网络交往会被扭曲为工具。例如，现在盛行的各种网络学习平台忽视了交往主体之间的关系。网络学习平台上的施教者和学习者是通过互联网平台进行交流的，虽然能够以语言符号为媒介进行交流，但是人与人无法像在现实世界中那样面对面地自然对话，很难达到实体之间相互理解的一致性。因而，师生之间的交流变成抽象的数字符号，使交往方式变得更加抽象，交往主体处于失语状态。学生感受不到教师的表情变化、语调语速的变化、肢体语言的表述，彼此间的情感交流不自然，学生的学习思维容易中断。其次，互联网使教师在教育活动中的主导地位被弱化。教学活动是教师主导作用和学生主体地位的统一，两者是相互作用的。在互联网环境下，学生获取知识的渠道越来越多，其从课堂上获取知识的比例不断降低。有些学生倾向于相信互联网、依赖互联网，反而对教师的课堂讲授不重视。教师在教学中的主导性不断被弱化，甚至退化为学生网上自主学习的辅助因素。虽然网上自主学习增强了学生的主体性，学生可以根据自己的需求和爱好选择学习内容与方式，但如果没有教师对学习的主导作用，学生可能会失去学习的方向。最后，互联网会导致大学生的个性弱化。所谓个性弱化，是指当个人在群体中进行活动时，个人的自我认同被群体认同取代，从而失去个性。[1] 大学生个性弱化主要表现为：大学生被海量的信息所掩埋，失去自主判断能力；大学生习惯于程序化的内容，其创新能力逐步退化；大学生的很多行为简化为网络上的单一行为，成为互联网的奴隶。一些网络平台为了追求利润的最大化而迎合市场需要，使网络文化陷入简单的统一标准。网络文化逐渐呈现出某种特点的样态，其与现实社会产生巨大反差。大学生如果长期沉迷于网络世界，会被网络文化蒙蔽双眼，其将习惯于接受网络文化所规定的内容，逐渐失去独立思考的能力和精神。"虚假的个性就是流行……个性不过是普遍性的权力为偶然发生的细节印上的标签，只有这样，它才能够接受这种权力。"[2]

　　哈贝马斯的交往行为理论对于我国大学生网络行为的教育管理具有借鉴意义。首先，高校应该重视大学生网络行为的主体间关系。哈贝马斯认为，交往主体之间具有平等身份。互联网是网络行为者能够快速达到自己交往目的的工具。大学生完全可以通过互联网跨越时间和空间的限制，满足其日常交往的需要。但是，由于互联网的匿名性和虚拟性，大学生在网上活动时掩盖了个人的信息以及行为时的情绪、心理，大家所面对的是网络所呈现出来的数字化符号，人们只能通过数字化符号去猜测彼此的真实想法。有些大学生会故意隐藏自己的真实状态，网上交往的各方都处于不对等的状态。只有保证网络交往双方的信息对等和信息的一致性，才能保证网络行为主体的平等地位。其次，高校应该重视大学生网络行为的

❶ 沙莲香. 社会心理学［M］. 北京：中国人民大学出版社，2002：223.
❷ 霍克海默，阿道尔诺. 启蒙辩证法：哲学断片［M］. 渠敬东，曹卫东，译. 上海：上海人民出版社，2006：140.

交往理性。大学生对网络行为规范的共同遵守建立在共同价值认同的基础上。只有按照交往理性的要求，交往行为主体才能对同一事物具有共同理解，达成社会性价值共识。高校要打破大学生网络行为的工具理性观念，发展网络行为的理性空间。网络空间是自我和他人的共在，需要大家共同维护。高校要加强大学生对共同空间的思考和对共同价值的认识，使大学生逐渐克服仅从个人角度出发思考网络行为的倾向；要消解大学生的工具理性观念，对大学生进行精神领域的熏陶与教育，包括校园文化、班风学风的培养，对大学生世界观、人生观、价值观的教育等。最后，高校应该创设大学生网络行为的"理想交往环境"。哈贝马斯认为，交往理性的实现路径就是创设一个"理想交往环境"。理想的话语环境应该是一个平等、自由、民主和开放的语言交往环境，它是"脱离了经验、不受行为制约的交往形式，其结构将能够保证只有话语的潜在有效性要求才可成为被讨论的对象；能够保证参与者、话题和意见绝不受到限制，除了更有说服力的论证，不存在任何强制，除了共同寻求真理，其他动机都必须被摒弃"。❶ 为了避免大学生网络交往行为的异化，高校要注重大学生网络行为与整个生活世界的联系，为交往理性创造条件。大学生不应成为网络的奴隶，让网络影响自己的正常生活和发展，而应将互联网与自己的现实生活紧密联系；国家要规范网络平台，营造良好的网络环境；高校要制定相关规章制度，为大学生的网络行为创设良好环境。

二、集体行为理论

集体行为理论是一种带有浓厚心理学色彩的群体性行为理论。这一理论主要研究非理性因素对群体性行为的影响。20 世纪 70 年代末，理性行为理论崛起，其否认情感、心理因素对人的社会行为

---

❶ 章国锋. 关于一个公正世界的"乌托邦"构想：解读哈贝马斯交往行为理论 [M]. 济南：山东人民出版社，2001：153.

的作用，强调理性是研究社会运动的逻辑起点，集体行为理论逐渐失去社会研究的统治地位。20 世纪末，西方社会运动研究在理性行为理论的基础上重新重视情感、情绪、价值观等心理因素的作用，其认为，"社会运动是情感的，甚至是情绪的"❶。社会运动的直接参与者的群体既有盲目从众、借机宣泄的心理，也有理解认同、同情的心理；非直接参与者的群体则存在同情心理。当同处于社会弱势地位的人们看到他人所处的境遇时，会本能地产生情感上的共鸣。社会学家苏珊·肖特把这种情感体验称为移情。她认为移情具有情感标识作用，首先是自我和他人体验到相同的情感，其次是自我和他人获得假设性的认知理解。由于移情作用，群体成员能够分享彼此的情感，放大本身存在的情绪。❷ 同情心和正义感是社会的良心，是社会运动正向发展的支撑点，是衡量社会文明程度的重要标志。

集体行为理论对于分析大学生网络行为的群体心理具有积极作用。大学生的网络行为呈现出一些群体性特点，这种群体行为不是可预料的、有组织的集体行为，而是一种相对自发的、针对某一共同影响或刺激而在互联网环境中发生的群体性行为。大学生在互联网上很容易形成相同的群体性行为。互联网信息的传播途径广、传播速度快，很多信息在大学生之间传播，会让大学生在心理上达成共识，使他们产生共同的网络行为。因而，一些偶发的、个别的网络事件很容易因为大学生的集体参与而演变为大范围的群体性网络事件或网络舆论风波。大学生并不是思维完全成熟的群体，他们的网络行为很容易受到周围环境、舆论的影响。首先，大学生的网络行为会受到其自身心理、情绪的影响，而在不同的心理、情绪状态下的行为表现不一样。其次，大学生的网络行为会受到同一个网络

❶ 勒庞. 乌合之众：大众心理研究［M］. 冯克利，译. 桂林：广西师范大学出版社，2007：93.

❷ SHOTT S. Emotion and social life：A symbolic interactionist analysis［J］. American Jouranl of Sociology，1979（84）：1317-1334.

群体、平台、社区舆论的影响，其他人的意见会影响大学生的行为。最后，整个互联网的舆论导向会影响大学生的网络行为。个体在互联网上对孤独感的本能恐惧以及对社会归属的共同需求决定了其希望寻求一个坐标和灯塔作为指引，所以在网络上很容易形成高度同质化的群体，群体中的成员彼此认同。网络中的人际关系和群体氛围对个人的影响很大，冲动、偏激的言论容易在群体中得到共鸣而不断扩散。在同一个群体中，人们获得的信息趋同，其行为也趋同。大学生作为一个具有共同信念和情绪的群体，是一个典型的网络集群。大学生根据自己的需求，对互联网上的事物进行选择性接触和理解，从而形成具有共同关注点的网络群体。当个别大学生的网络事件受到群体互动、外部干预因素的影响时，会引起大学生的共同关注，乃至采取共同行为，大学生的个别网络行为会升级为群体行为。互联网的虚拟性、匿名性特征降低了大学生的社会责任感和自我控制力，会导致群体行为失控或偏激的现象。

集体行为理论对规范引导大学生的网络行为具有一定的启示作用。首先，互联网中的集群行为突出了媒体舆论传播的重要性。互联网是一个言论表达和情绪宣泄的平台，各种情绪都可能在互联网上得到快速认同和不断传递。一些网络群体性事件就是网络错误信息和谣言迅速蔓延而造成的后果。因而，必须重视网络信息的及时公开和舆论的正确导向。信息的及时公开能够快速地挤压谣言的传播和发酵空间。控制舆论导向可以正确引导舆论，遏制事态的升级。在网络环境下，要规范引导大学生的行为，需要注意对公共信息、网络舆论的正确引导。其次，要重视网络"意见领袖"的引导作用。传统媒体的信息把关依靠政府、媒体等社会机构或组织的干预就可以实现，而互联网中新媒体、自媒体的信息把关则相对复杂。网络传播的开放性、匿名性增加了社会控制和舆论导向的难度。网民主体性对议题传播效果和集群行为的影响越来越大。保罗·拉扎斯菲尔德提出了"意见领袖"的概念，并强调了众多的"意见领袖"对网民态度和行为的影响。传播媒体所传播的信息和观念首先被少数的活跃分子接受，然后借助这些活跃分子在大众中传播。"意见领袖"在网络集群行为中的影响越来越大。因而，为了正确引导大学生的网络行为，除了要发挥传播媒体的作用，还要培养对大学生有影响力的"意见领袖"。这些"意见领袖"可以是大学生崇拜的专家学者、明星名人，也可以是大学生群体中比较优秀的代表。

三、理性行为理论

菲什宾和阿耶兹于 1975 年提出了理性行为理论。与集体行为理论相比，理性行为理论的前提是认为人是理性的，人在做出某一行为前会综合各种信息来考虑自身行为的意义和后果，个体行为可以由行为意向合理地推断，而行为意向是由对行为的态度和主观规范决定的。❶ 行为意向是理性行为理论的核心要素。理性行为理论认为，人的行为意向作为个体执行特定行为的倾向性，是决定个人实际行为的前置变量。而个人行为意向又由个人行为态度和主观规范决定。行为态度是个体对于执行某种行为的评价，主观规范是个体对于某种行为的社会压力知觉，这种压力来自对自己有重要影响的人对于是否应该执行某种行为的感知程度。该理论分析了个人意向、认知态度和最终行为之间的关系，为人们提供了一种预测和分析用户行为的较为科学的方法。人们的某些行为与个人意向、认知态度之间存在必然联系。根据人们的意向强弱和认知态度可以对其行为提前做出判断，分析后果，从而决定应对措施。但是，这一理论忽略了个人行为的非理性因素。人的一些行为并一定完全出于行为意向，而是由自己的情绪、心理等非理性因素所主导。行为意向与行为之间高度关联，但并不总是一致的。人的行为动机受环境因素的限制，在现实生活中，大多数行为的执行取决于所需机会或资

❶ 张一涵，袁勤俭. 理性行为理论及其在信息系统研究中的应用与展望 [J]. 现代情报，2018（11）：145－153.

源的可获得性。机会或资源代表了人们对行为的实际掌握情况，只有在个体拥有的机会或资源达到一定程度时，其意向才会最终变成实际行为。

虽然理性行为理论存在一定的缺陷，但其对于分析、预判和引导大学生的网络行为具有一定的借鉴意义。在大学生的行为研究中，意向和主观规范是重要的预测工具，可以根据大学生的主观意向和主观规范分析其网络行为的形成机制。大学生网络行为意向有三个方面的影响因素：一是大学生主动上网的意向，二是大学生参与网络活动的意向，三是大学生与他人互动的意向。这些意向会影响大学生所采取的网络行为。影响大学生网络行为的主观规范因素主要体现为以下几点：大学生对于互联网空间约定俗成的行为规范的认知程度；大学生对于个人网络行为的认知程度；大学生对于其身边的同学和教师的认知程度；大学生对于网络"意见领袖"的认知程度等。大学生的主观规范因素对其网络行为具有一定的约束作用，可以通过改变大学生的主观规范因素来引导其网络行为。

四、计划行为理论

计划行为理论是对理性行为理论的继承。阿耶兹通过研究发现了理性行为理论的局限性，也就是人的行为并不是完全出于自愿，个人是否开展某一行为并非完全由自己的意志控制。为了扩大适用范围，阿耶兹在理性行为理论的基础上，增加了行为控制认知的概念，提出了计划行为理论。计划行为理论包括行为态度、主观规范、知觉行为控制、行为意向和行为五个要素。❶ 该理论对个人行为的预测有更恰当的解释：行为意向直接影响行为，知觉行为控制也可能直接影响行为，而行为意向则同时直接受行为态度、主观规范与知觉行为控制的影响。当其他条件相同时，行为态度越积极，

---

❶ AJZEN I. The theory of planned behavior [J]. Organizational Behavior and Human Decision Processes, 1991 (50): 179 –211.

主观规范越强烈，知觉行为控制越强烈，就越有可能导致行为意向；当其他条件相同时，行为意向越强烈，知觉行为控制越强烈，就越有可能导致实际行为。人类大部分的行为处于完全在意愿控制之下的行为与完全不在意愿控制之下的行为之间。计划行为理论的核心要素是个体执行某种行为的意向。但是，计划行为理论进一步指出，只有当行为在意愿控制之下时，行为意向才能转化为行为。

计划行为理论为分析大学生网络行为提供了积极的方法论借鉴，即采用量化的方式对大学生网络行为进行分析预测。首先，对大学生网络行为态度的分析。大学生的行为态度与其道德认知水平密切相关。网络社会中的交往方式与现实社会明显不同，互联网具有价值取向多元化及匿名性特征。在互联网上，大学生原有的道德标准变得模糊，甚至会丧失一些基本的道德判断。一些大学生在互联网上无限度地追求个人欲望，他们的个体行为很容易超越道德和伦理底线，产生道德失范行为。大学生察觉到网络道德失范的危害程度与其发生网络道德失范行为的概率成反比。当部分大学生意识到做出错误行为的危害性很小时，便可能选择在网络上任意作为，甚至实施违反法律的行为。反之，如果大学生认识到错误行为的危害性较大，其道德失范的可能性就较小。因此，我们可以通过调研大学生对网络道德失范的认知程度来预判可能发生的网络道德失范行为。其次，对大学生知觉行为控制的分析。大学生会根据自己的需求来选择不同的网络行为。网络行为给大学生带来的满足感越强，他们的行为意向就会越强。但是，大学生不能完全依自己的欲望实施网络行为，他们会对自己的网络行为进行判断和控制。大学生的知觉行为控制能力越强，越不容易出现网络行为失范的问题。因而，有关部门可以通过对网络行为进行立法监管，帮助大学生提高知觉行为控制能力。再次，大学生网络行为主观规范分析。大学生网络行为感知来自社会和他人的压力即主观规范。社会的压力主要来自法律法规和社会道德舆论，法律法规和社会道德舆论会对大学生产生压力，要求他们自觉遵守社会行为规范。因此，大学生的网络行为规范离不开不断完善的互联网法律法规、行业规范和网民的道德准则约束。大学生网络行为规范的他人压力主要来自同学、网友和家人。如果大学生的网络行为会遭到同学、家长的批评和反对，其往往不会轻易做出这种网络行为。大学生彼此之间会相互模仿，其他同学、网友的网络行为对大学生有很强的示范作用。因此，大学生的网络行为规范也离不开家长、同学、朋友的教育和影响。最后，对网络客观条件的分析。大学生网络行为失范的重要根源在于网络的开放性、虚拟性和匿名性特征。互联网上充满了各种合法的、非法的，有益的、有害的信息，而且互联网平台存在很多网络监管和网络技术上的漏洞，这为某些人提供了网络行为失范的机会。从互联网建设的角度看，要规范大学生的网络行为，需要了解我国网络空间建设的各种客观条件，分析我国网络空间存在的问题和不足。有关部门需要不断完善互联网的监管技术和机制，不断封堵漏洞，为引导大学生的网络行为创造良好的网络环境。

综上所述，西方行为理论对分析当前我国大学生网络行为具有一定的借鉴意义。但是，西方行为理论在世界观、方法论和价值立场等方面有其局限性，我们要善于取长补短，而不能完全照搬。

第三章　网络新媒体发展与大学生网络行为演变

　　自从互联网逐渐在我国普及，大学生就一直是互联网中的活跃群体。伴随着网络新媒体的不断发展，网络空间的内容和功能越来越丰富，大学生的网络行为也越来越频繁。在不同的互联网时代，大学生的网络行为呈现出不同的类型和特点。通过梳理大学生网络行为的演变过程，可以从中归纳出网络新媒体时代大学生网络行为的一般性规律。

第一节　网络新媒体的兴起与"80 后"大学生网络行为

　　20 世纪 90 年代末，"80 后"开始进入大学校园，而此时互联网也在我国迅速兴起。"80 后"大学生基本处于手机的 2G 时代，数字移动电话逐渐取代模拟移动电话，手机不仅能打电话，还能发短信、上网。技术的革新使手机的成本大幅度降低，手机开始普及化，大学生逐渐成为手机的重要使用群体。但是，大学生的主要上网工具是计算机，使用的网络主要是校园网。当时，互联网的新发展给大学生的生活、学习、交流提供了极大的便利，在一定程度上改变了大学生的生活方式和学习方式。搜狐、新浪、网易等门户网站的创建，为大学生阅读新闻资讯提供了新途径；博客、论坛等社交网站的出现，开启了大学生信息双向分享阶段；百度搜索引擎的建立，为大学生从网络中搜索信息、资料提供了极大的便利，改变了大学生的资料查询习惯；OICQ即时通信软件的开发，为大学生提供了一种免费通信、交流的新工具。互联网作为交流的中介工具，为大学生提供了新的互动模式。

一、"80后"大学生上网的主要特征

据调查，2000年年底，全国2250万网络用户中超过50%的用户是24岁以下的年轻人。网络以不可阻挡的势头渗透大学生的学习、生活，对大学生的思想和行为产生了巨大的影响。由于当时互联网刚刚起步，计算机等上网设备比较昂贵，除了少数大学生可以通过自己的计算机上网外，绝大多数的学生选择在学校机房或网吧上网。学校机房的网速和硬件设施一般落后于纯商业经营的校外网吧。经济条件好的大学生一般会选择校外网吧，因为那里上网速度快，可以进行更多的网络活动；经济条件较差的大学生只能选择在学校机房或网络中心上网，其上网速度较慢、管理比较严格，只能用于写作业及最基本的网络活动。

受限于互联网技术，"80后"大学生主要的互联网活动是浏览新闻、搜集学习资料、交友聊天、娱乐休闲等。大学生的网络学习活动基本上是通过浏览搜狐、新浪、网易等新闻门户网站，获取国内外新闻信息。大学生的网络社交活动基本上是通过即时通信工具如QQ、MSN等与亲友、同学或陌生人交友聊天，通过论坛、聊天室等交流平台与其他人分享观点和意见。网络的匿名性、即时性等特点为大学生的交流提供了便利条件，让平时不善言谈、不敢与陌生人交流的大学生获得了很好的交流机会。论坛、聊天室等交流平台是"80后"大学生共享信息、交流意见的重要工具。大学生在网络上的娱乐活动主要是听音乐、看小说、玩游戏。当时人们缺乏互联网的版权意识，网络上的音频、文字、视频、图片等资源基本上都是免费共享的，大学生可以自由地下载自己需要的各种资源，其听音乐的方式开始由随身听、CD等转向从网络上免费下载音乐。

网络游戏的出现提高了游戏对大学生的吸引力，使一些大学生沉迷于网络游戏，对其产生了不良的影响。总体来讲，互联网刚刚开始普及，大学生逐渐接受互联网并适应互联网对自己生活和学习的影响，互联网开始改变大学生的学习和生活方式。但是，大多数大学生的日常生活并没有太大的变化。

二、互联网对大学生的影响

（一）互联网对大学生的正面影响

第一，互联网信息的海量性、开放性特点为大学生获得各种信息和资源提供了极大的便利。除了传统的学校图书馆，互联网给大学生开辟了新的知识获取渠道，提供了更便捷、及时的知识获取手段，让大学生在搜集资料时能够节省时间、提高效率，发挥更大的效能。大学生通过互联网可以了解很多其在课堂上无法获得的新知识，能够接触很多在校园里无法接触到的新事物，有助于强化其知识积累和专业技能培养。

第二，即时通信和交友软件的开发，为大学生的交友聊天提供了方便。大学生通过互联网可以扩大自己的社会交际范围，提高自己的交际能力。尤其是对于内向、不善交流的学生来讲，网络的匿名性、间接性等特点，让他们在网上能够减少顾虑，更大胆地与同学甚至陌生人主动交流。

第三，大学生通过互联网丰富了自己的业余生活。网络游戏、音乐网站、聊天室、论坛等新形态的出现，给大学生的休闲娱乐提供了更多的条件。互联网开始成为大学生业余休闲的主要场域，他们从游戏厅、录像室、台球馆等传统的娱乐场域转向了互联网。为了顺应互联网的发展趋势，各高校开始优化校园网络环境。许多高校改善了学校的网络设备，提高了互联网的上网速度，提供了更多的上网设备，并且开始营造积极向上的校园网络氛围，引导学生的网络行为。

（二）互联网对大学生的负面影响

网络具有虚拟性、匿名性和非实体性等特点，其在给大学生提供一个虚拟空间的同时，也给大学生创造了一个可以隐匿真实身份在网上自由操作的机会。大学生在匿名的情况下参与网络活动会降低自我约束。当时的互联网缺乏法律法规和行业规范的约束，有些大学生经不起网络上的诱惑，在网络上放纵自己的行为，出现了一些道德和法律上的负面问题。

第一，网络人身攻击问题。在互联网的虚拟世界中，人的网络行为容易出现约束真空，从而导致在网上破坏真实社会中的道德伦理规范的现象出现。例如，在互联网的论坛、聊天室、游戏对话框等中，有时会出现一些谩骂、恶意诽谤等语言攻击行为。攻击者依赖身份的匿名性，藏在互联网的背后，发送具有人身攻击性质的语言。

第二，侵犯个人隐私和权利问题。人们可以利用互联网传递、分享、存储信息，但这也带来了很大的隐患——人们的隐私和秘密更容易被侵犯。有的大学生出于猎奇和挑战自我的心理，做出威胁互联网安全的行为。个别大学生利用网络系统的漏洞对互联网上的计算机进行攻击，如非法截取、篡改他人的电子邮件，窃取他人的网络账号和密码，窃取他人或企业的秘密和隐私，甚至制作含有病毒的程序致使其他网络用户的计算机系统瘫痪。

第三，网络欺骗、欺诈问题。网络世界中没有人与人之间现实关系的约束，使置身于网络中的人都有游离于现实社会之外的感觉。他们喜欢在虚拟世界里扮演不一样的自己，使自己在网络中成为现实里没有办法实现的人物。一些大学生缺乏生活阅历，容易感情冲动，在网络世界里很容易上当受骗。有的人自我控制能力差，容易轻信他人，结果上当受骗，身心受到极大的伤害和打击，这对大学生的成长、学习、生活都有不良影响。

第四，行为的个人主义倾向问题。互联网打破了传统媒体传播的单向性，提高了网络参与者的地位。大学生可以在网络上自由地表达自己的意见、展现自己的情感。但是，由于网络监管的空白，以及网络的匿名性，任何人都可以在网上发表自己的意见，这为虚假信息、网络谣言的泛滥提供了土壤。一些大学生在网络上我行我素，缺乏自我约束，使个人主义思想不断放大，最终反映到现实生活中，过度主张个人权利、个性自由，忽视了学校的规章制度。

第五，沉溺网络脱离现实问题。在虚拟世界中，人与人的交往较少受身份、地位等因素的影响，很多大学生在网络世界中更容易做回自我。而现实世界里有各种不确定因素，充满了各种复杂的人际关系。在现实生活中，处于弱势的大学生可能遇到人际交往的困难，当人际交往受阻时，他们就可能转向虚拟世界寻求安慰和满足。在虚拟世界中，大学生可以选择不同的情景表现自我，做自己喜欢做的事情，说自己想说的话。因此，有些大学生开始沉迷网络世界不能自拔，从而影响了学业，影响了自己与他人的正常交往。

三、"80后"大学生网络行为的特点

在学习方面，一方面，上网占据了大学生的学习时间，对大学生的学习造成了一定影响；另一方面，互联网给大学生提供了更好的学习平台，有助于提高其学习效率。利用网络学习成为大学生的一种常态行为。部分互联网公司顺势开发了一些学习软件，互联网学习成为一种潮流。网络搜索引擎的出现为大学生搜索资料提供了便利，大学生更容易从课外获得自己需要的知识，这让大学生开始怀疑课堂和教材知识，使教师和辅导员的权威性受到冲击。但网络上充斥着一些虚假信息、谣言，这会对大学生产生误导，造成其思想上的混乱，严重影响了大学生的判断能力。

在交友方面，互联网改变了以往大学生依靠写信、联谊、郊游等进行社交的方式，他们开始使用即时通信工具和社交平台进行社交，网恋成为一些大学生的恋爱模式。这种恋爱模式给大学生带来了一些新问题：异地恋的比例升高，恋爱的稳定性变差。网络的虚

拟性使一些大学生容易上当受骗，使一些大学生出现因情感而导致的心理问题。

在娱乐方面，互联网改变了大学生的课余娱乐方式，上网聊天、玩网络游戏等成为一些大学生的娱乐方式，因而大学生中"宅男""宅女"的比例越来越高。网络聊天、社交平台发帖成为大学生的日常娱乐方式，大学生主动表达意见的意识提高了。网络游戏的盛行使一些大学生沉迷于游戏，荒废了学业，影响了身体健康。

四、高校对"80后"大学生网络行为的教育与管理重点

这一阶段，伴随着互联网对大学生生活的渗透，给大学生的教育与管理带来了新的挑战。传统意义上高校教育中"教师—学生"的单向性教育模式被打破。大学生不再只是通过教师的课堂讲授获取知识，而是可以通过网络获取自己需要的知识。面对互联网的冲击，很多高校对大学生网络行为的教育管理基本上坚持疏导的原则，通过疏导性的思想政治教育和网络管理，促使大学生自觉树立网络自律意识，遵守网络道德规范。各高校对"80后"大学生网络行为教育管理的重点主要体现在以下几个方面。

（一）健全网络管理

在互联网发展的初期，出现了网络信息"大爆炸"的局面，各种信息充斥着互联网。由于缺乏监管，大量虚假、有害信息在互联网上大行其道，这给大学生带来了很大困扰。各种冗余、不良信息造成了网络环境污染，也挤占了大学生的网络有效时间，使大学生不得不花一定的时间去辨别、筛选、过滤各种信息。为了净化互联网环境，高校加强了互联网管理，利用技术手段过滤不良信息，推进互联网经营管理的规范化，努力营造健康的互联网文化氛围。针对大学生互联网失范行为，高校加强了对大学生的互联网道德法治教育，规范了大学生的网络行为。

（二）加强校园网络管理

为了加强对大学生网络行为的管理，很多高校开始制定关于校

园网络的管理办法，加强对大学生网络行为的追踪监管，要求大学生在校园网上网必须进行实名注册。高校利用思政课和辅导员队伍对大学生进行法律法规与网络道德教育。很多高校在学校机房、网吧组建网络管理中心，安排专门人员进行网点的管理监督，及时清除网络垃圾，有效遏制错误信息的蔓延和传播，严防各种有害思想进入校园。

（三）加强网络正能量宣传

为了弘扬互联网的正能量，很多高校采取积极主动的方式，以马克思主义意识形态占领网络思想阵地，用积极健康的内容构筑网络平台。为了给大学生提供具有正能量的网络阵地，很多高校积极建设有吸引力、说服力的思想政治教育主流网站，唱响主旋律，抵制网络错误思想。同时，社会主流门户网站设置新闻时事、热点透视、优秀传统文化等主流板块网页，一些高校的知名学者在互联网上发表评论文章，弘扬爱国主义精神。这些正能量通过多媒体技术被传递给大学生。

（四）利用网络平台进行教育

许多高校的思想政治工作者开始改变传统灌输模式，主动利用网络对大学生进行教育。一些思政课教师在网络上使用大学生熟悉的网络语言和手段与其进行沟通交流，就大学生关心的问题与其进行平等对话。一些高校开始利用网络及时地解决大学生的问题，开展网上警示教育，增强思想政治工作的实效性。个别高校尝试将一些学生活动转移到网上，在网上组织学生喜闻乐见的活动。

第二节　手机媒体的智能化发展与"90后"大学生网络行为

2009年，我国移动互联网进入3G时代。3G摆脱了网络信息传输的影响，可提供移动宽带多媒体业务。手机也进入智能时代，通过与互联网结合，手机成为媒体的一部分，手机上网成为网络应用的重要发展方向。2008 年，在我国 2 亿网民中，使用手机上网的网民有 7000 多万人。而到了 2010 年年底，我国使用手机上网的网民已超过 3 亿人。❶ 随着互联网技术的不断发展，互联网中出现的更多新形态对人们的生活方式产生了新的影响。例如，微博成为网民使用较多的自媒体，彻底打破了传统的一元话语结构，搭建了多元交流平台；视频网站的创建更新了人们的观看模式，改变了电影院、电视台单向输出的模式，给人们提供了自主选择观影平台的机会；电子商务网站和在线支付的发展为网络购物提供了极大的便利，逐渐改变了人们的消费模式，等等。大学生用手机上网的情况十分普遍，大学生成为使用手机上网的较大群体。由于手机的便利性，大学生用手机上网的频率更高、时间更长。手机开始逐渐替代计算机，成为互联网的重要载体。大学生可以使用手机登录 QQ、门户网站，玩简单的游戏等。聊天交友、娱乐休闲、阅览资讯、查找资料等成为大学生手机上网的主要行为。

一、手机互联网新发展对大学生的影响

（一）手机互联网新发展对大学生学习、生活的正面影响

1. 互联网为大学生提供了展现自我的平台

博客、微博等自媒体在大学生中的广泛应用，为其自由地表达意见和观点提供了无障碍的平台。在传统媒体时代，个人要让自己的意见被社会听到需要很高的门槛，而自媒体完全打破了这种门槛，大学生可以在互联网上自由地表达自己的看法和意见，这可以提高其对社会问题的思辨能力，促进其独立思考意识的发展，有助于培养大学生的创新思维。互联网的虚拟性可以帮助大学生克服在

---

❶ 中国互联网络信息中心. 第 27 次中国互联网络发展状况统计报告［R/OL］. (2011 - 01 - 19)［2022 - 06 - 10］. http：//www. cnnic. cn/research/bgxz/tjbg/201101/P020110221534255749405. pdf.

公开场合的羞怯感，提高自我表达能力。互联网上的一些创意性软件给大学生提供了展示自我个性、提高创新能力的条件，他们通过对图片、视频的剪接、调配、编制等技术处理，传播个性化文化，使网络文化变得丰富多彩。

互联网帮助大学生打破了知识传播的纵向阶层壁垒。以往本科生一般只能学到本科阶段的知识，要了解更高层次的知识必须实现学历上的突破。而互联网平台可以提供各种学科课程和专业知识资料，使大学生可以从网络上获取更多、更深的知识来补充自己的专业知识。互联网也帮助大学生打破了知识传播的横向各专业之间的壁垒。以往的专业知识一般通过课堂上课、图书馆查阅获得，大学生要获得本专业之外的知识是一件比较困难的事情。互联网的开放性特征为所有人提供了获取各种专业知识的机会，大学生依赖互联网平台可以获取各种所需的专业知识。互联网平台可以帮助大学生拓宽自己的知识面，使大学生可以根据自己的兴趣和需求选择专业知识，实现学习的自主性和自由化，打破了专业对大学生的知识限制。

2. 互联网减少了大学生的人际交往障碍

手机 QQ、飞信、MSN 等软件颠覆了书信、电话的单一信息传播模式，实现了语音、图片、视频、文字等多种符号的即时传播，为大学生提供了一种全新的交流沟通方式，减少了大学生的人际交往障碍，使大学生可以随时随地和分布在不同地方的好友进行"面对面"交流。博客、微博等媒介也有社交功能，使大学生可以在自己的虚拟空间里分享生活感悟、了解好友动态、探讨社会话题。互联网中没有物理距离的界限，能够帮助大学生接触到现实生活中难以接触到的人，扩大了大学生的人际交往范围。互联网社交软件具有隐秘性功能，可以隐藏个人的姓名、职业、年龄、财富等信息，这种隐秘性功能为大学生的选择性交往提供了方便，避免了现实人际交往中的尴尬，大学生可以采用匿名的方式悄悄地关注自己感兴趣的人，也可以有选择性地分享自己的心声。

3. 互联网方便了大学生的日常生活

伴随着互联网购物平台的发展和线上支付功能的开发，对大学生来讲，互联网已经不仅是一个休闲娱乐的地方，更是一个与自己的日常生活息息相关的地方。大学生是具有超前意识的消费群体，他们对新颖的线上消费模式更感兴趣。智能手机支付确保了信息传递的即时性，使网上购物、支付实现了数字化，避免了随身携带现金的不安全性。快递行业的发展使大学生可以足不出户，在宿舍里就能完成整个消费过程。尤其是对位置相对偏僻的高校来讲，网络消费成为日常消费的常态，大学生的日常消费得到了极大的便利，这为身处校园中的大学生提供了生活便利。随着网络购物、在线视频等互联网功能的丰富与完善，大学生可以在线上购物、娱乐，其网络生活更加丰富多彩。

4. 互联网为大学生的创业和就业提供了便利

2015 年，国家印发《国务院关于积极推进"互联网＋"行动的指导意见》，"互联网＋"理念开始渗透我国各个行业，互联网平台为各行各业的发展提供了技术支持，也为大学生的创业和就业提供了很大的支持。互联网平台和手机客户端 APP 为大学生创业提供了有利条件。互联网具有很好的宣传效果，能够帮助大学生在公司初创时期获得较多的关注和认可，降低公司初创时期的宣传、经营、融资等成本。互联网为大学生求职就业提供了便利渠道，很多公司选择在线上发布招聘信息、线上面试，这为大学生就业提供了很大便利。一些互联网求职平台创立，它们可以汇总大量就业信息，并且可以帮助大学生发布求职信息，这为大学生就业提供了很大帮助。

5. 互联网为大学生的学习提供了更广阔的平台

互联网搜索引擎的发展和线上数字化资源的丰富为大学生自主学习创造了条件，可以帮助大学生根据自己的兴趣爱好利用网络自主学习，从而有效地促进大学生的个性化发展。互联网中的丰富资源可以帮助大学生摆脱传统教育模式下个人专业背景对知识获取的局限，使其实现更全面的发展。同时，网络新媒体和教学平台的开发为师生之间的交流互动创造了更便利的平台。课堂的单一信息传递向互联网平台的双向多元传播转变，打破了学生与教师线下交流的时间和空间限制，增加了学生与教师互动的机会。学生可以在线上提交作业，教师可以在线上解答学生的疑问，与学生交流。

（二）互联网新发展对大学生学习、生活的负面影响

1. 对大学生经济安全的影响

伴随着互联网的发展，网络上出现了很多小额借贷平台。这些借贷平台把大学生作为重要的客户群体。有些平台为了拉拢客户，采取虚假宣传、隐瞒实际收费标准等手段，诱导大学生进行贷款。而一些大学生由于社会经验少，缺乏分辨是非的能力，再加上虚荣心作祟，为了追求个人物质享受，利用网络借贷超前消费，结果使自己陷入不良网络借贷平台的陷阱。债务越来越多，不仅给自己和家庭带来了沉重的经济负担，也严重影响了其身心健康，给学校管理带来了极大挑战。个别大学生被借贷平台威胁曝光隐私或者因难以承受巨额债务而轻生的事件时有发生。此外，大学生面临网上支付平台安全的问题，如许多大学生都遭遇过个人支付账号被盗的事情。黑客利用木马病毒远程控制用户的计算机，盗取大学生支付账号余额，对大学生的经济安全造成很大威胁。

2. 对大学生学习态度的影响

互联网在为大学生提供丰富学习资料的同时，也让部分大学生产生了惰性。一些大学生沉溺于网络世界，不节制上网时间，无法正确处理上网与学习之间的时间关系，尤其是沉迷于网络游戏的大学生，他们可能会为了打游戏而逃课、旷课，长时间上网会对大学生的正常生活造成不良影响，严重影响了其学习态度。一些大学生经常使用手机上网浏览和阅读的习惯造成其阅读耐心减弱，很多大学生没有耐心阅读长篇巨著和有一定理论深度的书籍。大学生对网络形成了很强的依赖性，独立研究和探索的意识下降。有些大学生

开始"走捷径"，做作业时直接从网络上搜索答案，下载资料拼凑作业。这也为大学生的学术不端行为打开了方便之门，一些大学生不仅在平常的作业中复制粘贴，在写学术论文时也从网上剽窃抄袭他人的研究成果，破坏了学风。

3. 对大学生社交能力的影响

有些大学生面对现实生活中学习、生活、情感等方面的不顺利，选择逃避现实，把互联网空间变成自己的"避风港"。部分大学生越来越依赖网络社交圈子而非社会现实社交圈子。有的大学生"宅"在宿舍里，只通过计算机与外界联系，他们不愿意面对现实社会，无节制地上网购物、玩游戏、浏览各种网络信息、上网聊天等。大学生沉迷网络世界会导致其社会角色定位模糊，难以适应社会交际活动，其孤独感和自闭倾向会加重，他们会频繁地查看手机，通过网络上的互动交流来实现自我的心理满足，以消除其对于人际交往的不安。

4. 对大学生道德行为方式的影响

大学生的思想尚未完全成熟，其自制力和自我保护意识较弱，而情绪宣泄、猎奇等心理在网络上会被放大。一些高校网络教育管理政策举措的内容不具体，存在漏洞，学校对于大学生的网络道德规范教育缺位。在没有家长和教师监管的情况下，大学生很容易在网络虚拟世界中迷失自我。由于网络监管力度不够，网民在网络上行为失范的成本很低，使网络行为乱象重重。网络空间成为大学生道德行为失范的"重灾区"，例如，未经允许传播他人隐私，恶意攻击诽谤他人，散播网络谣言等，这些行为给他人和社会造成了恶劣影响。

二、"90后"大学生网络行为的特点

与"80后"大学生相比，"90后"大学生使用网络的时间更长，对网络更加熟悉。很多大学生在上大学之前就已经有比较丰富的上网经验，对网络的依赖性更强一些。

（一）网络学习行为的特点

网络学习是基于互联网进行知识学习的新兴模式。"90后"大学生几乎都有手机、平板电脑等移动终端，这为大学生进行网络学习创造了条件。大学生的网络学习形式主要包括搜集资料、解答疑惑、培养兴趣、专业培训等。网络资源的丰富以及各种学习软件的问世让网络学习对大学生更有吸引力。大学生可以利用闲暇和碎片时间在网络上自主学习。与在教室自习相比，"90后"大学生更倾向于在网上自主学习。这种学习模式削弱了教师在教育活动中的主导地位，减少了大学生对传统课堂的依赖，增强了大学生的学习自主性，使其可以根据自己的需求选择学习内容和方式。但是，大学生的网络学习存在浮躁、功利、浅显等问题。网上的学习资源往往呈现碎片化特征，这种特征迎合了大学生利用碎片时间学习的需要，但是没有连贯性、持续性，不利于深入学习。因此，网上学习只适合作为传统学习模式的补充，而不能取代传统学习模式。

（二）网络娱乐行为的特点

随着互联网技术的发展，网络音乐、在线视频、网络游戏、娱乐论坛等异彩纷呈，对大学生产生了极大的吸引力。互联网成为娱乐的"集大成者"，随身听、CD机、DVD、录像机、游戏机等娱乐工具都被取代，一部智能手机就可以满足大学生的所有娱乐需求。大学生可以通过微博，随时了解明星的各种动态和热点话题，一些学生把经营个人微博、博客作为娱乐活动，把自己的各种感想、评论发布到平台上，在成功引起别人的关注中获得成就感。手机网络使网络娱乐突破了时间和空间的限制。"80后"大学生需要利用课余时间，在网吧或宿舍上网进行娱乐活动；"90后"大学生则可以拿着手机随时随地上网娱乐。大学生的线下娱乐活动越来越少，其参与线下集体活动的积极性也越来越低。一些大学生甚至在课堂上偷偷拿着手机玩游戏、看视频、聊天，严重影响了课堂纪律和听课效果。如何避免大学生在课堂上玩手机已经成为很多高校管理工作中的突出问题。

（三）网络消费行为的特点

我国网络购物平台的迅猛发展推动了大学生对网络消费的热捧，网络消费成为"90后"大学生的重要网络行为。大学生的网络消费行为具有积极性、盲目性、盲从性、虚荣性等特点。首先，大学生比较容易接受新鲜事物。自网络购物兴起以来，大学生逐渐成为网络购物群体的主力军。其网络消费行为丰富多样，除了网络购物外，一些大学生还参与电子银行、网络炒股等交易活动，部分大学生利用电子商务平台创业，开设淘宝店，从事网络商业活动。其次，大学生消费的盲目性不断增强。由于大学生普遍心理还不完全成熟，而网络消费使现金消费变成了数字消费，大学生对支出无感，其日常开支常常不能自控。再次，大学生在网络消费时容易受到同龄人的影响，出于心理认同的考量，他们往往依据多数同龄人的喜好进行消费，而不是出于自身的真实需要。最后，大学生之间的攀比行为有所增加。有些大学生通过购买名牌产品来展现自己的自尊和自信。一些网络购物平台为了吸引青年人消费会举办购物狂欢节，限时给出一定购物优惠，这成为大学生抢购商品的外在动机。而无节制的消费加剧了大学生的经济困难，有可能引发一些不良后果。

（四）网络社交行为的特点

"90后"开始上大学的时候，手机上网开始成为主流，微信、微博等新平台相继出现，很多大学生开始使用微信代替QQ作为社交软件。与QQ相比，微信的使用更加便捷，其拥有的一些功能更加符合大学生的社交需求，如语音功能、附近的人功能、支付功能等。免费语音功能降低了大学生的通信费用，使微信取代手机的电话功能成为大学生交流的新形态。附近的人功能为与陌生人交往提供了便利而不尴尬的方式，扩大了大学生的交友范围。支付功能使大学生的社交与生活联系得更紧密，发红包、抢红包等活动提高了大学生交际的积极性，为大学生的社交活动提供了更大的动力。同时，大学生开始使用微博取代博客作为记录和表达个人意见与情绪的平台。与博客相比，微博的即时性更强、门槛更低，而且其表现形式更加丰富，深受大学生的喜爱。大学生可以以个性化的方式发表自己的观点、表达情感和记录生活。大学生的声音被社会听见，有些微博"大 V"更是成为"意见领袖"。互联网的匿名性、虚拟性、交互性给大学生的网络社交活动带来了更大的空间。但是，大学生正处于三观尚未完全定型的阶段，极易成为网络非理性行为的参与者，高校教育工作者需要更加关注大学生的网络社交行为。

三、高校对"90 后"大学生网络行为的教育与管理重点

（一）完善网络管理的规章制度

一些大学生因为缺乏自制力而产生了一些网络失范行为，高校需要对大学生的网络行为进行正确引导。各高校应根据本校学生的特点，从具体的管理措施着手制定相应规章制度，结合大学生的实际网络问题，对其网络行为划定一条底线，即明确规定哪些网络行为是被禁止的，哪些网络行为是被提倡与鼓励的。这样可以有效规范大学生的网络行为，帮助大学生养成良好的上网习惯。首先，各高校应建立校园网络管理制度，对校园网和各网络论坛实施用户实名注册登录制度，通过账号落实到人，网络管理人员随时进行信息审查，防止大学生因为网络的匿名性而放松对自己的行为约束。其次，高校应建立网络监控体系，对校园网络舆情进行及时监控，有效控制舆情事件的进一步扩大。最后，高校应加强课堂教学管理制度，一些高校尝试对大学生在课堂上使用手机的行为进行引导，规范学生对手机等电子产品的使用行为，保证课堂教学的有序进行。

（二）加强对大学生的网络自律教育

对大学生网络行为进行规范，除了需要制度规范，还需要大学

生自身的道德自律。培育大学生的自律意识，有助于其确立网络行为的正确价值评价标准，实现网络空间行为的自我规范。首先，高校应对大学生进行理性思考能力教育。互联网中的信息良莠不齐，高校要通过教育提高大学生对网络信息的辨识和选择能力，保证其不被错误信息、网络谣言所误导。高校应通过教育提高大学生的理性思考能力，引导其在自媒体上理性转发、发表评论，引导大学生建立健康的社交观，促进网络正常交往活动。其次，高校应教育大学生提高网络行为的自我管理与约束能力。高校应教育大学生认清人生的意义，树立远大的理想，从而引导学生减少上网时间，通过丰富多彩的课外活动减轻其学习压力，防止其对网络成瘾。最后，高校应对大学生进行健康人格教育。有些大学生的网络失范行为与其不良的性格有很大关系，高校需要培育大学生的健康人格，引导其正确认识自己的长处与不足，学会自我调整情绪，避免其走向极端。高校应通过教育提高大学生的网络道德意识，规范其网络行为。

（三）加强校园网络文化建设

高校应加强校园网络文化建设，弘扬健康网络文化。校园网是大学生公共舆论和各类信息汇集的地方，学校的各种事情都可能在校园网传播。很多高校为了加强红色文化的宣传，做好校园网的网络舆情管控，更好地引导学生的网络行为，积极推动校园网络文化建设。高校应用社会主义核心价值观教育大学生，将先进的文化理念与现实生活中的优秀人物事迹结合起来，通过对优秀人物的宣传向大学生传递正能量。高校应将传播先进文化理念与抵制错误思潮结合起来，在专家教授和有一定号召力的大学生中培养网络"意见领袖"，正确引导大学生的网络行为。高校应通过开展丰富多彩的校园文化活动对大学生进行网络道德教育，通过开设网络道德教育课程加强对大学生的道德教育，进一步铸牢大学生的法律意识、诚信意识、责任意识、信用意识等。高校相关职能部门应加强对大学生的网络心理指导工作，把网络道德教育与网络心理指导渗透到大学生的日常管理工作中。

（四）对高校教育工作者进行互联网技能培训

为了顺应互联网时代的潮流，各高校应利用各种方式对教育工作者进行互联网技能培训，力求打造一支既熟悉网络技能，又擅长处理业务的高校教育工作者队伍。辅导员队伍应持续学习互联网的相关政策和各种上网技能，从而能够追踪网络热点，准确把握大学生的思想和心理问题；应学会用互联网工具与大学生进行沟通，回答大学生普遍关心的热点、难点问题，了解大学生的思想状况，对大学生进行正确引导。很多高校充分利用互联网的交互性，让互联网成为教师引导大学生进行学习的师生交流平台。高校的各专业教师应学会利用互联网教学，指导大学生使用互联网完成课外作业和进行自学活动，培养大学生获取信息、分析信息的能力，从而提高其学习能力。教师掌握了互联网技能，可以更好地利用互联网增加师生之间的交流和互动。例如，有的教师利用互联网平台给大学生传授一些理财知识，帮助大学生树立正确的消费观；有的教师利用互联网平台对大学生开展反诈骗、反传销等专项教育，以提高大学生的自我保护能力。

第三节　网络社交媒体迅速发展与
"00后"大学生网络行为

"00后"几乎经历了我国互联网快速崛起的全过程，他们见证了互联网的发展，从小就是互联网的用户。对于"00后"来讲，互联网已经是他们生活、学习的一部分。当"00后"世代开始进入大学的时候，我国的4G技术已经得到广泛应用。4G技术改变了传统的传播模式，视频通话、在线视频、在线游戏、即时上传等功能的普及促进了社交直播平台、短视频平台的发展，也让微信、

QQ 等社交软件具有了更加丰富的社交功能。在 4G 技术的支持下，网络社交媒体实现了跨越式发展。微信、QQ、支付宝、直播平台、短视频平台等网络社交媒体对"00 后"大学生的影响越来越大，"00 后"大学生普遍使用网络社交媒体进行网上学习、网上社交、网上娱乐、网络消费等活动。

一、网络社交媒体对"00 后"大学生的影响

（一）学习方面的影响

1. 拓宽了大学生的知识获取渠道

网络社交媒体不仅是大学生进行网络社交的工具，也是其获取信息资讯的重要渠道。现在大学生获取知识的渠道越来越广泛，他们除了可以从传统的门户网站、搜索引擎、线上教学平台等获取自己所需的知识，也可以从各种社交媒体如朋友圈、微信公众号等获取知识，甚至可以从各种短视频、直播平台上获取知识，很多科普型、知识型的短视频、直播影响着大学生。社交媒体和大学生的生活联系紧密，而且信息篇幅比较短、内容比较平实、传播速度比较快，这种"短平快"的特点非常适合大学生在空闲时间浏览信息，使其生活更加充实。互联网平台丰富了大学生的常识性知识和技能。各种短视频和视频直播平台有很多关于烹饪美食、强身健体、感情指导等题材，这些资源生动、形象、直接，即将走入社会的大学生可以从中自学很多常识和技能。

2. 弱化了大学生深度思考的能力

互联网的便捷性使大学生能够从中查找自己需要的各种学习资料，提高了大学生搜集资料的便利性，但同时也让一些大学生对网络产生了依赖性。这导致一些大学生产生了不爱动脑、不愿意进行深度思考的学习惰性，丧失了自己解决问题、分析问题的能力，其思辨、创新能力也会逐渐弱化。大学生不仅要学习知识，还要培养独立思考的能力。大学生感兴趣的互联网信息基本上都是碎片化

的，尤其是社交媒体为了获得更大的信息阅读量，会简单化处理各种知识，往往只给出结果，而不解释其背后的原理。这种碎片化的知识简单易懂，容易被接受，有助于大学生对知识的掌握。但是，这些碎片化的知识本身只是信息的简单集合，不是逻辑严密的知识体系，大学生很难独立建立起知识之间的关联。如果长期接受这种表层化、碎片化的知识，通过记忆确实可以拓宽大学生的知识面，但也会使其失去进行深层次的思考，对知识进行科学、全面的整理的机会和兴趣，从而导致其思维能力逐渐弱化，丧失深度思考和逻辑推理、构建系统理论体系的能力。

3. 动摇了传统的师生关系

传统的教学过程是师生之间情感交流、思想碰撞的过程。在传统的教学模式下，除了教师的讲授内容会影响学生，其言谈举止也会对学生形成熏陶与影响。而在线上学习模式下，大学生借助网络媒体平台可以获得各种知识，一些大学生因此不再那么重视课堂理论知识学习。这颠覆了教师作为专业知识权威的地位，尤其是文科的课程知识，大学生更容易从互联网中获取相关内容。现在很多线上教育平台都有名师课程、精品课程，这对于丰富学习资源有很大帮助，但也导致一些大学生不听本校教师的课，而选择在线上听教学平台的精品课程。大学生对教师的重视程度降低，一些大学生上课时不认真听教师讲课，有问题时一般也不再询问教师、和教师探讨，而是上网求证。学生在考试前会利用网络课程进行补救式学习，在网络上求答案、求论文。一些教师则把过多精力放在运用新媒体技术方面，没有太多的精力管理课堂、与学生进行课堂内的互动。尤其是线上教学使师生之间的关系变得疏远，教师和学生都面对着数据终端，教师不了解学生，学生不认识老师。一些学生利用手机的分屏功能，一边听课，一边用手机玩游戏、看视频，听课效果极差。因而，师生之间的关系不断动摇，如何在师生关系疏离的情况下提高教学效果是高校教育所面临的一个新问题。

（二）生活方面的影响

1. 扩大了大学生的社交范围

网络社交平台架起了大学生人际交往的桥梁。微信、微博、QQ、抖音、头条、B 站等给大学生提供了更加便利的社交平台，扩大了当代大学生的社交空间。大学生的现实社交范围比较窄，校园是生活在其中的大学生主要的社交空间。互联网社交媒体为大学生创造了很多与陌生人交往的机会，大学生虽然人在校园里，但可以通过社交平台接触到很多陌生人。对于大学生来说，除了与家人、教师、同学之间的联系外，还有机会和地球上任何一个角落的人沟通交流。网络的匿名性能够帮助一些大学生克服社交心理障碍，掩盖其与陌生人交往时的尴尬和紧张。互联网为具有共同兴趣爱好、志同道合的人提供了彼此认识、相互联系的途径。一些社交媒体会根据用户的需求和特征，利用大数据自动选择、匹配具有共同特点的陌生人。大学生在社交媒体平台上可以发现和自己兴趣、爱好一致的人，社交变得更加容易，能够通过网络形成相对稳定的社交圈子，大学生在这种网络社交圈子里可以充分发挥自己的主观能动性，随时表达自己的观点与思想，其社交需求得到了充分满足。

2. 弱化了大学生的现实社交能力

互联网改变了大学生的交流方式，为人们提供了更加方便的交流渠道，但也使大学生与其身边的同学、朋友、家人的交流变少，关系疏远。网络虚拟空间的平等性、开放性减轻了大学生的心理负担，使其可以平等、自由地与他人开展社交活动。大学生只是简单地敲击键盘就可以表达自己的想法，只是发送一个表情包就可以传递自己的情感，完全避免了面对面交流时的顾虑与尴尬。因而，一些大学生更加倾向于借助互联网平台进行社交互动，而不习惯现实社会中的人际交往关系。虽然社交软件让大学生与自己的家人、同学、朋友的联系更加便利，但是，有些大学生与家人、同学、朋友的联系反而越来越少。有些大学生为了保护自己的隐私，甚至在网络社交平台上屏蔽了自己的父母；在一些为了方便交流感情而建立的好友群中，人们只是象征性地打招呼，这些好友群最后变得形同虚设。

一些大学生过于依赖互联网社交工具进行交流，减少了现实中的联络，例如，过年的时候通过群发微信拜年已经成为主流，面对面拜年的人越来越少。一些大学生已经习惯于通过互联网进行社交活动，而对于现实社交活动则怀有恐惧感。一些大学生在学校的时候"宅"在宿舍里，放假回家就"宅"在家里，很少出门与人交流。有些大学生在网络上生龙活虎，可以跟人聊得热火朝天，但在现实中却变得比较拘谨，不知道如何与别人打交道。

3. 削弱了大学生的生活自理能力

大学生是较为依赖互联网社会性服务的群体，他们乐于尝试各种新兴的互联网社会性服务功能。现在，网络交易、快递、外卖、滴滴出行、跑腿等互联网社会性服务功能已经深入大学生日常生活的方方面面，改变了大学生的生活方式。互联网的社会性服务功能能够给大学生提供各种生活上的便利，大学生足不出户，就可以依靠网络社交平台的各种社会性服务功能解决自己的吃穿住行问题，这极大地节省了大学生的课余时间和精力。但是，长期依赖互联网获得社会性服务来解决自己的现实生活问题，也让大学生逐渐丧失了独立生活、独立解决各种社会问题的能力。对于一些大学生来讲，如果能通过网络解决问题，他们绝不会采用传统的亲临现场的方式。一些大学生不去商超、市场购物，不亲自挑选商品，不亲自辨识商品质量，更不会面对面地与商家讲价。有的大学生习惯于将"点外卖"作为解决自己一日三餐的方式，他们不愿意主动学习烹饪技术，自然感受不到烹饪所带来的乐趣。有些大学生甚至连打扫卫生、整理衣物等最基本的事情都要通过网络找人代为处理。

（三）心理方面的影响

1. 互联网为大学生提供了一个心理放松的场所

互联网是大学生躲避现实压力，平衡现实负面情绪的场所。互联网的虚拟性和匿名性为大学生释放心理压力提供了一条很好的渠道。与现实社会相比，互联网空间可以让大学生更加放松，他们能够在互联网空间中释放天性，扮演真实生活中自己不敢尝试的角色。现实生活中比较内向的大学生可以通过互联网展现自己外向的一面，在现实生活中遇到不顺心的事情的大学生也可以在网络世界里寻找安慰。

互联网中丰富多彩的娱乐方式为大学生释放心理压力提供了很好的途径。一些大学生遇到心理问题时，除了与身边的家人、朋友交流，更愿意在网络上通过心理咨询进行自我情绪调节。大学生在遇到不愉快的事情时，通过网络聊天、观看各种轻松的短视频、参与网络游戏等，可以带来心理上的愉悦和放松，宣泄自己的不良情绪，这有利于帮助其拥有健康的心理状态。互联网的隐匿性和包容性为大学生心理建设和引导提供了多种选择。大学生在出现轻微的心理问题时，往往出于隐私考虑不愿意找心理咨询教师或医生，而是在互联网平台上咨询一些心理专家。

2. 大学生产生对互联网的心理依赖

互联网在为大学生提供心理咨询和情绪宣泄渠道的同时，也使一些大学生沉迷其中，出现"手机控"的情况。上网几乎占据了一些大学生所有的课余时间，他们离不开手机，每天不停地查看各种社交平台的信息，浏览各类资讯，甚至抱着手机入睡。一些大学生一旦断网或手机离开其身边，就会产生严重的心理焦虑。有些大学生由于过于依赖网络，而弱化了与其他人之间的联系，渐渐疏远了亲朋好友，对现实生活丧失了热情和兴趣。随着上网时间的不断增加，大学生在现实社会中的沟通和交际能力会逐渐降低，使其对现实社会产生各种不适应的表现。他们在现实社会中会产生交流障碍，进而对沟通、交流产生心理恐惧。结果是许多大学生因为害怕与人交往而更加沉迷于网络，久而久之形成恶性循环。大学生在现实社会中越感到孤独，就越会对互联网产生心理依赖，这会对大学生的心理健康带来极为不利的影响。

二、"00后"大学生网络行为的特点

详细分析和预测"00后"大学生的各种网络行为，有助于对大学生进行有效的教育与管理。现在的大数据技术能够通过采集、抓取大学生的网络行为活动轨迹和数据，更准确地分析和研判其思想行为。为了全面掌握青年人的网络行为特点，一些互联网机构利用大数据技术进行精准画像。精准画像是运用信息处理技术对所抓取的海量数据进行分析处理，进而准确分析大学生的网络行为特点，勾勒出其行为真实全貌的手段。例如，腾讯公司发布的《00后画像报告》通过精准画像对"00后"群体网络行为进行了全面分析，发现其具有开放、自我、独立、自信四大特质，在日常生活中，尤其是在与同龄人交流时，"00后"会较为频繁地使用网络流行语。❶

（一）网络社交行为多样化

"00后"大学生伴随互联网而成长，他们在选择与他人交往的方式时，倾向于使用网络社交软件，网络社交成为"00后"大学生生活的重要组成部分。相关数据显示，2021年上半年我国移动社交平台的"00后"用户占比达到了18.8%。❷大学生有强烈的社交需求，但是他们的社交活动不是仅以交友为目的，还有个人表达、内容分享、休闲娱乐等需求。为了吸引大学生，增加青年人对产品的黏合度，许多互联网企业围绕大学生的需要进行个性化、精准化的设计，开发新的社交平台。网络社交平台越来越多，大学生可以根据自己的需要选择不同的社交平台。一个社交平台就是一个

---

❶ 王聪聪，朱立雅. 中国青年报与腾讯QQ联合发布《00后画像报告》［EB/OL］.（2018-05-04）［2022-06-10］. http：//news. cyol. com/yuanchuang/2018-05/04/content_ 17158497. htm.

❷ 艾媒咨询. 2021上半年中国移动社交行业研究报告［R/OL］.（2021-07-06）［2022-06-10］. https：//baijiahao. baidu. com/s? id = 1704525338652369834&wfr = spider&for = pc.

社交圈，一个大学生可以同时使用多个社交平台，以满足其不同的社交需求。在不同的社交平台上，大学生扮演的角色和定位不同，其话语体系和表述方式也有很大的差异。

"00后"大学生使用最多的社交软件仍然是微信和QQ等即时通信软件。这些软件主要用于大学生情感、态度和观点的表达、传递、互动。它们具有较强的交互性特点，大学生可以通过文字、语音、图片、视频等符号在平台上发布、转发信息和进行评论，实现沟通交流的自由化和个性化。这些软件的功能不断升级，以满足人们越来越丰富的需求。大学生利用这些软件可以结交新朋友，拓宽交际面，和志同道合的人组建群组，从而获得归属感。但是，微信、QQ等即时通信软件是由成年人关系主导的社交软件，作为熟人圈交流的工具，现实人际关系在其中的烙印很深。大学生在朋友圈、亲友群、QQ空间里发表任何内容都要兼顾长辈、教师的感受，在表达上有压力、有顾虑，这与大学生喜欢自由地表达想法的特点不符。因而，微信、QQ等就成为大学生与亲友、教师进行交流、完成家长和学校布置的各种任务的工具，而不是其进行社交的工具。

"00后"大学生喜欢平等、包容与多元的交流氛围，他们更喜欢以匿名的方式与陌生人交流，这种方式没有压力，可以畅所欲言，因此其往往会选择陌生人社交软件。大学生有着多样化的社交需求，他们使用不同的社交软件来满足这些需求。例如，陌陌、探探等陌生人社交软件主要用于满足大学生的恋爱交友需求；Soul是基于用户兴趣图谱来智能地发布内容，主要用于大学生的兴趣交流。一些社交平台采用算法技术，根据大学生的需要进行匹配，可以帮助大学生筛选交流的对象，找到与自己具有同样兴趣爱好的对象，能精准地满足大学生的社交需求，让大学生交流起来更自在。

大学生网络社交平台如图3-1所示。

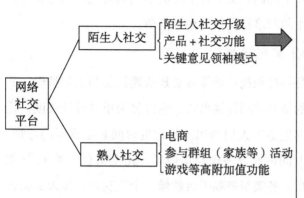

图3-1 大学生网络社交平台

游戏社交是大学生网络社交的一种方式，现在很多网络游戏都具有在线社交互动的功能。大学生在玩游戏的同时，可以互相交流，分享心得。这种社交模式打破了地域限制，使志同道合的玩家能够一起交流。大学生在游戏中可以找到与自己聊得来的朋友，逐渐打开人际交往的渠道，慢慢学会如何进行社交。一些"00后"把网络环境看得和现实一样重要。他们会在游戏社交的过程中，以实际行动维护网络环境，把人们紧密地联系起来，实现彼此间的沟通和信息传递。一些游戏本身就有交友功能，游戏账号往往与微信、QQ账号联动，陌生的游戏好友可以成为微信、QQ好友，甚至变成现实中的朋友。

社区平台是大学生社交的独特方式。社区平台是为了满足年轻人日益多元的交友需求、打造年轻人的亚文化圈而开发的。"00后"大学生有强烈的亚文化圈层意识，陌生人之间会以相似的生活方式和文化理念形成一个共同活动社区。例如，B站就是一个"00后"大学生聚集的独特社区。B站虽然不是社交软件，但其有很强的社交功能。成为B站会员有一定的门槛，只有通过专业知识考核的人才能成为平台永久会员，这种方式保持了社区的同质化属性。许多"00后"大学生成为内容的制作者和分享者，他们通过弹幕与评论区进行互动，在交流互动中寻找自我认同，达成共识。总之，大学生可以在不同的社交平台上扮演不同的角色以满足其社交需求，这使大学生的网络社交行为更为复杂。

（二）日常休闲短视频化

网络短视频是一种依托移动终端实现快速拍摄与美化编辑，并通过互联网传播的新型视频传播形式，它以秒为单位计算长度，适合当今社会快节奏生活下人们利用碎片化的时间观看视频的习惯。短视频在极短的时间内充分展现精华内容，完全契合"00 后"大学生浅阅读的习惯。各类短视频平台就像一个万花筒，每天更新各式各样的内容，任何人都可以在其中找到自己需要的、感兴趣的视频。短视频精练的画风搭配令人印象深刻的音乐，加上各种特效功能，使其具有极强的视觉冲击力，完全满足了"00 后"大学生对新事物的好奇心理。

网络短视频已经渗透大学生的日常生活和行为，并超过网络游戏和长视频，成为大学生的首选休闲娱乐方式。相比于长视频，短视频适合多样化的场景，其在极短的时间内可以完整地展现一个主题。短视频 APP 充分占据了大学生的碎片时间，大学生在课间、放学后的休息时间，以及吃饭、散步的时间都可以通过观看短视频来填补娱乐的空白。大学生每天观看短视频的时间越来越长，其业余时间几乎全部被短视频占据。一些短视频为了赚取流量，吸引大学生的注意，不断翻新内容，甚至故意戏谑、恶搞，不断吸引大学生的眼球。在大学生习惯于刷短视频后，本来用来填补空余的短视频，会把完整的学习过程不断中断、打散，导致大学生的注意力不断被分散和效率持续下降。

网络短视频对于视频内容编排的专业性、拍摄技巧和设备的要求都比较低，一般只要有一部手机就可以成为短视频的生产者，这对大学生来讲有极大的吸引力。大学生精力充沛、时间充足，又有强烈的表现欲望，因此很愿意通过短视频展现各种才艺技能。网络短视频逐渐成为大学生的新型社交方式。短视频打破了群体间的界限，使大学生与陌生人之间有机会展开信息共享与交流。大学生之间通过点赞、评论、私聊、拍同款等功能唤醒彼此之间的情感共鸣，打造了交互性更强的短视频社交。身处不同时空的大学生能够随时随地地观看短视频，保持自己与他人的零时差和零距离。短视频用户的观看、转发、点赞、关注等互动行为会被精准记录，生成用户的"个性画像"。短视频平台根据用户感兴趣的内容进行即时的个性化推送。短视频的内容个性化算法推送也逐渐把大学生的娱乐生活圈层化，大学生群体会根据兴趣形成一定的聚合性社交网络。

（三）娱乐消费综合化

当前，垂直电商平台对于大学生的消费吸引力并不强，大学生更喜欢将消费行为与娱乐行为结合起来，其网上娱乐消费的比例在增加，网络娱乐平台对大学生消费欲望和倾向的影响越来越大。艾媒咨询调研数据显示，42%的大学生每学期在社交娱乐方面的消费金额在1000元以下，39.9%的大学生的消费金额为1000～2000元。[1] 网络直播是一种由主播提供表演、创作、展示，支持主播与用户之间即时互动的视频直播形式。与其他网络形式相比，网络直播的特点是内容传播的即时性、观看方式的多样性与互动的便捷性。网络直播集娱乐、社交、消费等功能于一身，而且直播内容一般都是大学生感兴趣的，得到了"00后"大学生的钟爱，大学生群体是网络直播的忠实观众。网络直播一般都是在晚上进行，而大学生的活动时间与网络直播时间高度吻合。这些特征决定了网络直播逐渐成为大学生网络娱乐消费的新形式。根据2023年中国互联网报告显示，截至2022年12月，我国网络直播用户规模达7.51亿人，较2021年12月增长4728万人。其中，电商直播用户规模

❶ 艾媒咨询.2021年中国大学生消费行为调研分析报告［R/OL］.（2021 - 07 - 29）［2022 - 06 - 10］. https：//baijiahao. baidu. com/s？id = 1706614539566439409&wfr = spider&for = pc.

为 5.15 亿，较 2021 年 12 月增长 5105 万，占网民整体的 48.2% ；游戏直播的用户规模为 2.66 亿，占网民整体的 24.9% ；真人秀直播的用户规模为 1.87 亿，占网民整体的 17.5% ；演唱会直播的用户规模为 2.07 亿，占网民整体的 19.4% ；体育直播的用户规模为 3.73 亿，占网民整体的 35.0%。❶ 网络直播融入大学生日常娱乐的场景日益增多，其将娱乐、学习、购物、聊天等与大学生日常相关的场景全方位地展现出来，尤其是网络直播中的游戏直播，大学生不但能观看自己感兴趣的游戏内容并产生共鸣，还能跟着"强手"学习游戏技巧，不断提高自己的技术水平。有调查显示，大学生最喜欢的网络直播包括游戏直播、二次元直播、才艺展示直播、生活直播、明星直播、教育直播、聊天直播等。

用户因某种需要或爱好进入直播间，其本身具有相同的群体特征。而且网络主播在直播过程中会不断向用户展现自己的个人魅力，使很多用户把主播看成偶像、心灵导师，甚至情感投射的心仪对象。网络主播为了吸引用户，会全方位地向用户传递信息，不断刺激用户的兴奋点，紧抓用户的注意力，点燃用户参与娱乐和消费的热情，维系具有高度黏合力的传播关系。各种直播平台会通过大数据跟踪分析用户的爱好，精准聚焦大学生的兴趣标签，深耕符合年轻人口味的直播内容。为了引起主播的注意，一些大学生会不停地评论互动或打赏，形成了粉丝对于主播的很强的黏合关系。一部分大学生沉溺于网络直播，甚至不分时间、地点随心所欲地参与直播，影响了其正常学习和生活。

网络直播不但是大学生娱乐的新形态，也逐渐成为大学生消费的重要形式。2020 年，"直播带货"成为年度最受关注热词之一。直播平台的火热和直播"网红"的大批出现带来了一条比传统营销更高效的传播通道。主播对于粉丝具有很强的说服力和示范效应，

---

❶ 中国互联网络信息中心. 第 51 次中国互联网络发展状况统计报告［R/OL］. (2023－08－07)［2023－08－10］. http://www.cnnic.net.cn/NMmediaFile/2023/0807/MAIN169137187130308PEDV637M.pdf.

依托网络直播平台的即时性和互动性，以及网络主播的魅力，有利于拉近品牌与粉丝之间的距离。主播在直播平台上演示和讨论产品，并实时回答粉丝的问题，让粉丝直观地了解产品的功能，并且主播的语言话术能激发粉丝的消费欲望。大学生群体是网络直播购物的最大支持者之一，大学生消费心理的自主性较弱，具有很强的从众心态，其消费行为容易受外界影响。与单纯的购物平台相比，直播带货更有娱乐性、煽动性，更能激起大学生的消费冲动。大学生对这种新型消费模式更感兴趣，更乐于一边观看直播一边下单消费，而不是单纯消费。

（四）线上学习自主化

传统教学模式不再是大学生学习的唯一途径，对于"00 后"大学生来说，线上学习已经成为一种潮流。近几年，"互联网＋教育"成为教学改革和教育现代化的新思路。2018 年，教育部发布的《教育信息化 2.0 行动计划》中提出，以教育信息化支撑和引领教育现代化，是新时代我国教育改革发展的战略选择，这对于构建教育强国和人力资源强国具有重要意义。[1] 新冠疫情给教育事业的发展带来了重大挑战。2020 年 2 月 6 日，教育部发布《教育部应对新型冠状病毒感染肺炎疫情工作领导小组办公室关于疫情防控期间以信息化支持教育教学工作的通知》，指出要依托各类数字教育资源公共服务体系，自主选择在线直播课堂、网络点播教学、慕课等信息化手段，提供优质的教学资源。[2] 各高校为了保证停课不停学，纷纷采取线上教学的形式，使学生的学习方式由被动学习向自主学习转变。人工智能、大数据和 5G 等新技术为线上教学奠定了基础。

---

[1] 中华人民共和国教育部. 教育部关于印发《教育信息化 2.0 行动计划》的通知 [EB/OL]. （2018 － 04 － 18）［2022 － 06 － 10］. http：//www. moe. gov. cn/srcsite/A16/s3342/201804/t20180425_ 334188. html.

[2] 中华人民共和国教育部. 教育部应对新型冠状病毒感染肺炎疫情工作领导小组办公室关于疫情防控期间以信息化支持教育教学工作的通知 [EB/OL]. （2020 － 02 － 14）［2022 － 06 － 10］. http：//www. moe. gov. cn/srcsite/A16/s3342/202002/t20200214_ 421005. html.

中国慕课、腾讯会议、雨课堂、智慧树等在线教育平台、在线交流平台为线上教学提供了技术平台支持。各高校教师将 PPT 课件、录播课程、参考资料等上传到在线平台，给大学生提供了丰富的在线学习材料。线上教育平台不仅是学生与教师的虚拟课堂，也是大学生自主学习的主要媒介。大学生在线上学习的过程中，逐渐适应了线上学习模式。线上自主学习是互联网发展背景下大学生学习方式革命的必然趋势，大规模的线上教学实践加速了这一趋势。

2016—2021 年我国在线教育用户规模变化情况如图 3 – 2 所示。

图 3 – 2　2016—2021 年我国在线教育用户规模变化情况

资料来源：作者根据 CNNIC 历年《中国互联网络发展状况统计报告》整理。

大学生在线学习主要包括在线直播、自学和网课等形式。在线直播是指教师在线直播知识点，学生采用手机、计算机等终端听课。自学是指学生利用网络独立完成知识点搜集、练习、测验。网课是指学生在网课平台上自主学习，并按照教师的要求完成相应测验、讨论等。线上学习突出了学生的主体性，学生可以根据自己的实际情况选取学习时间、地点、内容和方式。与线下学习相比，互联网拥有丰富的信息资源，能够给大学生提供自主获取学习资料的机会。

为了使线上学习达到理想效果，必须培养大学生自主学习的习惯和能力。线上学习没有线下群体学习的氛围，学习效果与大学生个体的自律性直接相关。网络上的娱乐资源过于丰富，如果没有自制力，大学生就可能从网络学习变成网络娱乐。线上学习需要大学生增强自制力、抗干扰能力，合理规划时间，专注于网络学习。教师作为开展教学、传授知识的主体，在大学生的学习过程中发挥着不可忽视的作用。教师指导大学生进行线上自主学习，帮助大学生养成良好的线上学习习惯，提升其自律性。在新冠疫情期间的线上教学中，教师一般会提前给学生布置学习任务，在教学过程中了解学生的学习情况，通过后台操作指导学生学习，然后通过作业考核的方式帮助学生检查其学习效果。通过这种方式帮助学生逐渐养成良好的自主学习习惯。虽然新冠疫情结束后恢复线下教学，但是，线上与线下混合式学习将成为未来学习的主流方式，线上自主学习将成为大学生学习的重要模式。

当代大学生的学习偏好情况如图 3-3 所示。

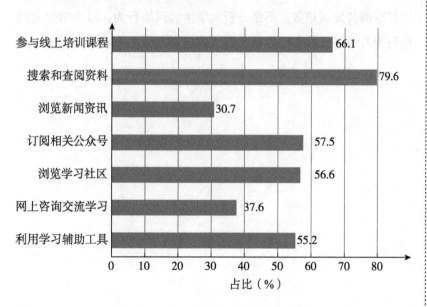

图 3-3 当代大学生的学习偏好情况

综上所述，对于大学生来讲，网络是一把"双刃剑"。一方面，在学习、生活等方面，网络给大学生带来了便利，随着互联网的发展，大学生获取信息的方式和途径被大大拓宽，通过使用智能手机，其可以足不出户地浏览各类新闻和信息。互联网打破了时间与空间上的限制，扩大了大学生的交往范围，提升了交往水平。互联网的去中心化和开放性特点使大学生在交流过程中树立起尊重、平等的意识，能够使大学生实现平等交往。大学生在交往过程中，能够通过别人在互联网平台所发布的评论与点赞等内容，直观地了解自己在别人眼中的形象，有助于其全方位地了解自我，提升自我心理认知水平。另一方面，大学生对互联网的过度依赖也产生了一定的负面影响。大学生是手机的重度使用者，他们几乎时时刻刻都离不开手机。大学生将大量的时间用于虚拟的网络世界，而忽视了现实生活中的人际交往，导致现实人际交往链条出现缺口，削弱了大学生的社交能力。但是，互联网的发展是不可逆的必然趋势。随着互联网技术的持续发展，互联网对大学生的影响只会越来越大。根据互联网的发展趋势，不断分析大学生的网络行为，对大学生的网络行为及时进行教育引导是各高校的重要工作之一。

第四章　大学生网络行为现状与高校教育管理错位

"00 后"大学生正值人生的"拔节孕穗期",他们是关心互联网中的舆论且容易被舆论引导的群体。大学生有强烈的表达欲望和社会热情,他们对网络热点事件感兴趣,愿意参与讨论与互动,并且倾向于接受一些"意见领袖"的指引。高校需要做好网络信息的把关工作,引导网络舆论,对大学生进行正确价值观的引导,规范大学生的网络行为。但是,现在一些高校的学生教育管理模式与大学生的网络行为存在错位,没有充分发挥教育引导作用。因此,分析新媒体时代大学生网络行为的特征,并有针对性地改进高校的学生教育管理模式是当前的重要课题。

第一节　大学生网络行为现状

近年来,"00 后"逐渐成为高校大学生的主力军。"00 后"大学生是伴随互联网的发展成长起来的一代,他们对互联网有高度的依赖性。手机和计算机已经成为"00 后"大学生的必备品,互联网是他们与外界联系的主要媒介。"00 后"大学生从小就体会到网络的自由性、便利性和开放性特点,拥有接触网络的环境与条件,具备从网络世界探索知识的能力。他们在网络世界驾轻就熟,对网络新形态的接受程度较高。

一、大学生网络行为现状与趋势

（一）新媒体社交平台成为大学生网络行为的主要场域

大学生的网络行为就功能而言大致包括网上学习、在线娱乐、网络社交和线上消费等类型。大学生网上学习的目的主要是获取学习资料，参与线上教学，他们一般会在各种线上教学平台和学习APP中进行活动。大学生在线娱乐的目的是休闲放松，一般包括在线追踪娱乐资讯、观看视频、在线游戏等行为方式。大学生网络社交的目的是沟通交流，他们一般会在各种社交平台上活动。大学生线上消费的目的是获得生活便利，提高生活品质，他们一般会在各种购物平台、消费APP中进行消费活动。现在，微信、支付宝、QQ等新媒体社交平台不断整合各种功能，将社交功能与娱乐、游戏、服务、消费等功能集成为一体。因而，这些新媒体社交平台受到了大学生的青睐，成为大学生网络行为的主要平台。

新媒体社交平台为大学生提供了良好的人际交往平台，使人与人之间的交往不再受到时间、空间的限制，大学生可以通过平台结交更多的朋友。新媒体社交平台已经成为大学生获取信息的重要渠道，他们可以通过手机随时随地了解自己感兴趣的内容。新媒体社交平台也是大学生主动表达观点和诉求的重要平台，他们通过微信公众号、朋友圈、微博、剧集弹幕评论等方式个性化地表达自己的观点。

微信、微博、QQ等社交平台已经深入大学生的日常生活，让大学生对它们产生了依赖。他们的网络行为诠释着互联网对他们的重要性，交友聊天、获取资讯、消费购物、休闲娱乐、旅游出行、学习知识等都离不开网络。一部手机就可以解决大学生日常生活的大部分问题，手机成为大学生联系网络世界、现实世界的主要工具，没有手机对大学生来讲是不可想象的事情。

（二）大学生的网络行为具有趋同性特征

大学生是一个年龄、阅历、知识量等具有相似特征的群体，他们具有共同的愿望和诉求，有着相似的行为特征和认知世界的能力，其网络行为具有群体性特征。大学生的网络行为有很多相似之处，就上网方式而言，其普遍使用手机上网，上网地点一般是宿舍。大学生最多的网络行为之一是交友聊天，他们通过微信、QQ等即时通信工具聊天，在微博、朋友圈、知乎等社交平台分享自己观点与评论。大学生热衷于各种社交网站，这反映了他们内心的孤独感，他们希望通过网络社交来缓解内心的孤独，实现自我认可。虽然大学生有着较强的个性化表达欲望，希望在互联网上展现自己的个性以吸引他人的注意，但实际上他们是希望通过这种方式得到认可，寻求归属感。短视频 APP 和视频网站是大学生休闲娱乐时钟爱的观影模式；知乎、豆瓣等知识性网络社群是大学生热衷参与的社群平台，他们愿意做内容的生产者，凭借自己的专业知识制作优质内容，传播知识。当然，大学生的网络行为因为年级、性别、家庭背景等的不同也会存在一定差异。例如，来自城市的大学生与来自农村的大学生相比具有更强的表达自我的主动性；男生更喜欢网络游戏，而女生对微博的关注更多等。但这些差异并不影响大学生的整体性特征。大学生比其他群体更具有整体性特征，这有利于我们了解大学生网络行为，使我们更容易找到大学生网络行为的规律。

（三）大学生的网络行为呈现娱乐化趋势

大学生的网络行为应该是多元的，但在实际生活中，其表现出重娱乐轻学习的趋势。大学生网络行为的目的和动机大多是满足娱乐的需求，这和大学生应以学业为主的要求是相冲突的。网络平台的娱乐化倾向对大学生有着巨大的吸引力，网络世界具有虚拟性，网络行为可以不受很多现实条件的制约，更容易满足大学生的精神需求。特别是网络游戏已经逐渐成为大学生远离现实烦恼、休闲娱乐、自我呈现的重要平台。现在，网络游戏的制作越来越精美、真实，其以精美的场景为参与者构建了一个别样的世界。在这个世界里，玩家可以扮演不同的角色来体验不同的人生，可以做很多现实社会中自己做不了的事情，而且可以与其他玩家即时地进行交流，现实与虚拟交织在一起，玩家能够感受到现实生活中体会不到的快感。因而，一些大学生对网络游戏乐此不疲。

一些大学生对网络高度依赖，甚至逐渐丧失了学习的兴趣和动力，有些大学生每天 24 小时除了睡觉就是上网，他们不仅在宿舍上网，上课时也用手机玩游戏或者戴着耳机看视频、听音乐。这些大学生在网络虚拟世界中越投入，在现实世界中越容易选择"躺平"。正确处理大学生网络行为与现实行为的关系成为各高校亟须解决的重要课题。

（四）大学生网络行为道德自律面临挑战

网络空间的自由性和开放性不利于大学生形成良好的道德自律。网络空间和现实社会相比，还没有形成健全的规范体系。虽然大多数大学生具有一定的网络道德素养，能够正确把握自己在网络空间中的行为，但不同大学生的网络行为意识存在一定的差异。相关调查数据显示，农村和城市生源的大学生相比于乡镇生源的大学生具有更高的网络行为道德水平。农村大学生的家庭经济条件较差，对网络的接触较少，其自律水平相对较高；城市生源的大学生虽然从小就有较多的机会接触网络，但城市家庭的教育水平普遍较高，对孩子使用网络有较多的教育和约束；而乡镇生源大学生的家庭经济水平比农村高，有较多机会接触网络，但其家庭教育对孩子使用网络的限制较少。❶ 大一、大四学生的网络行为道德水平显著高于大二和大三的学生。这是因为大一的学生刚刚从管理严格、生活规律的高中生活走来，对自身行为较为克制和自律；大四的学生逐渐开始接触社会，其行为水平逐渐符合现实道德要求，因此其网络行为道德水平有一定的提高。

---

❶ 李慧敏，林启修. 大学生网络道德行为、网络使用与自我意识的关系［J］. 哈尔滨职业技术学院学报，2020（2）：131－133.

在当前网络空间中，一些大学生任意妄为、不守规矩、违反道德甚至法律的现象时有发生。在自由自在的网络世界里，大学生如果缺乏网络道德的认知和自我约束，当他们受到网络上负面因素的影响时，就可能难以抵御其冲击和考验。例如，有些大学生经不起网络诱惑，而浏览暴力、反动、色情的信息；有些大学生的信息筛选能力较差，对网络平台推送的信息缺乏思考和判断能力，容易受错误思想的影响；个别大学生的法律意识淡薄，在网络上实施恶意攻击、发布谣言等不良行为，等等。大学生网络行为的发展方向应与整个社会的发展方向一致，大学生应该在网络空间中积极弘扬正能量，主动承担起维护网络社会秩序的责任。因此，大学生的网络行为教育和约束还有待进一步加强。

（五）大学生在互联网时代的现实抗压能力更弱

"00后"大学生的成长过程处于我国全面迈入小康社会的历史阶段，对于他们来说，不管是物质生活条件，还是家庭、社会环境都相对优越。这些大学生基本上都是在父母的宠爱中成长起来的，其在日常生活和学习过程中遇到任何问题都能依赖父母解决。以前的大学生在大学校园里遇到问题只能自己解决，父母基本上鞭长莫及，而现在的"00后"大学生在校园里遇到问题，则很容易得到父母的帮助。物质生活条件的改善让大学生的生活更加便利，但也使其养成了依赖性心理。"00后"大学生的父母对于子女有较高的期望，但其对子女的挫折教育却未给予足够的重视，这导致"00后"大学生遇到困难时独立解决问题的能力越来越弱。一部分"00后"大学生表现出心理承受能力差，不敢面对挫折和困难，遇事逃避的精神状态，个别大学生甚至会在遭受挫折后采取极端手段。大学生长时间以来受互联网的影响很大，有些互联网平台为了吸引眼球、赚取流量，不断贩卖焦虑。大学生的心智发育还不够成熟，其辨别能力和判断是非的能力还比较弱。网络上的"躺平"观念、"丧"文化对大学生产生了不良影响。部分大学生的心理比较脆弱，又受到网络上不良思想的影响，他们在现实社会中更加焦虑，更加倾向于选择逃避现实中的困难和挫折，而容易沉溺于网络世界。

（六）大学生网络行为存在失范的风险

网络空间中存在各种良莠不齐的信息，一些不法分子利用网络空间不断蛊惑、诱导、欺骗涉世不深的大学生，一些大学生容易受错误思想言论的影响，进而发表不理性的言论或者分享、转发不良资讯。大学生本身不是制造不良资讯的群体，但他们往往容易成为转发和散布不良资讯的中介。净化网络空间，营造风清气正的网络环境对大学生网络行为的引导具有积极的意义。大学生是容易实施网络知识产权侵害行为的人群。大学生所从事的就是科学技术、文化艺术等领域的精神文化活动，网络信息的可存储性、易搜索性、易复制性特点为大学生获取各种信息资源提供了极大便利。一些大学生在完成作业、论文、专业设计等时，为了个人便利，未经允许对互联网上其他个人或机构所创作的文字、图片、视频、数据、专利等网络资源进行使用或传播，从而侵害了他人的权益。这种对网络知识产权的侵害行为不仅会造成大学生自身道德的滑坡，还会助长学术研究的不正之风。大学生涉世较浅，辨别力较差，对新鲜事物充满好奇。因而，大学生是一些网络违法犯罪的实施对象。在很多网络诈骗案中，一些大学生被牵扯其中，有的大学生被骗取钱财或个人有效信息；也有个别大学生成为网络犯罪的参与者和帮凶，例如，有的大学生为网络诈骗集团提供信息和协助，有的大学生为网络犯罪提供技术支持，有的大学生充当一些非法网络信贷平台的下线，等等。总之，互联网充斥着大量的诱惑和陷阱，如果大学生不能很好地进行自我约束，则极易导致网络行为失范现象。

二、大学生在网络空间中的思想状态

现在，大学生在网络空间中的思想状态总体上是良好的。但是，网络自媒体的低门槛特性使任何人都可以在自媒体平台上自由地发表自己对社会热点问题的看法与见解，各种鱼龙混杂的言论充斥着互联网平台，其中不乏一些封建的思想、西方的腐朽思想和不利于社会稳定发展的错误思想。对于辨识能力还不够成熟的大学生来讲，如果不能很好地辨识其看到的信息，就很容易被一些偏激、错误的言论误导，导致思想上的混乱。

（一）理想信念

理想信念是大学生成长、成才的精神支柱和前进动力，它为大学生的奋斗和追求提供了方向与动力。整体上讲，"00 后"大学生普遍拥有比较坚定的理想信念，他们的政治立场坚定，坚定"四个自信"，对于中国特色社会主义事业充满信心。但是，大学生的思想活跃、开放，面对网络信息的快速传播和多元思想文化的冲击，由于缺乏分辨能力，其理想信念会受到一定的影响。大学生在思想意识方面容易受西方一些非马克思主义思潮的影响而摇摆不定。部分大学生缺乏崇高的理想信念，其在面临困难和挑战时会选择"躺平"，丧失了对理想信念的追求，只满足于个人价值的实现，弱化了自己对社会责任的精神担当。自由主义、历史虚无主义在大学生群体中蔓延，部分大学生的个人理想与共产主义的理想信念相脱节。他们虽然坚信中华民族伟大复兴的中国梦能够如期实现，但是他们缺乏为中国梦而奉献的精神动力。他们对自己的人生规划偏向理性和现实，只关注个人的利益和发展，把个人利益放在了国家利益之上。

（二）价值观念

党和国家开展的青少年社会主义核心价值观教育起到了积极作用。"00 后"大学生的价值观基本上与社会主流价值观相耦合，他们认同和践行社会主义核心价值观的意愿比较强烈。国家在各个方面取得的伟大成就，特别是在精准脱贫攻坚、全面建成小康社会和全面抗击疫情等方面的伟大成就，让大学生切实感受到社会主义制度的优越性，提升了其爱国主义情怀和民族认同感。但是，由于

"00后"大学生生长在一个文化价值多元的时代，他们也会受其他价值观的影响，在他们身上孕育着新的价值观和精神特质。《腾讯00后研究报告》提出，"00后"的价值观可以概括为六个方面，分别是懂即自我、现实、平等、包容、适应和关怀。例如，在待人接物方面，"00后"注重平等、包容的价值观，其适应性也更强。所以，他们接受同伴与自己之间的差异，知道什么时候应展现什么形象。[1] 对于自我，"00后"大学生以对某领域的深刻见解和成果来定义自我；对于他人，"00后"大学生更加注重人与人之间的平等，他们不趋炎附势，不盲从权威，更加包容别人的差异，尊重别人的意见。这说明，与"80后""90后"大学生相比，"00后"大学生在价值观方面更加注重隐私、看重自我。在生活态度方面，"00后"大学生更倾向于无欲无求、不悲不喜、云淡风轻的"佛系"价值观。

（三）心理状况

"00后"大学生的心理状态整体上是良好的，与"80后""90后"大学生相比，他们在心理上表现得更加自信和独立。"00后"大学生所存在的普遍问题是心理承受能力较弱。他们从小就被父母寄予厚望，参加各种培训班，但也普遍被父母呵护，因此其独立处理问题、适应社会的能力较弱。"00后"大学生的主要心理压力来自学业、就业、经济和人际交往等方面。当他们离开父母进入大学校园时，面对独立处理人际关系、学业压力、日常生活等问题，其心灵防线容易崩塌。尤其是当他们在学业、情感等方面遭遇挫折时，其内心的期望与现实形成巨大落差，如果没有足够强的挫折承受能力，极易出现心理问题。此时，他们需要得到心理健康方面的教育和帮助，但是他们更倾向于在网络自媒体上倾诉及向朋辈寻求

① 腾讯媒体研究院. 腾讯00后研究报告：超新生代的价值观和消费观念［R/OL］.（2022-03-03）［2022-06-10］. https：//view. inews. qq. com/a/20220303A0B1MH00.

帮助，而不是向父母、教师、学校的心理中心寻求帮助。这可能会造成一些大学生逃避现实问题而沉溺于网络。如果家长和学校不能及时了解大学生的网络动态，也就无法及时了解其心理状况。

（四）精神状态

与"80后""90后"大学生相比，"00后"大学生的精神状态更加"佛系"，更加理性。"00后"大学生的家庭条件普遍比较优越，致使他们对于身边的事情没有危机感。大学生本来正处于勤奋上进的年龄段，但有些大学生不愿意参加任何活动，对于生活中的事情提不起兴趣。他们不主动参加学校的各种社团活动，而是待在宿舍上网；在学业上不力争上游，而是崇尚及格至上；毕业之后如果找不到好工作，也不愿意从事一般的工作，选择直接"躺平"；许多大学生虽然有创业意识，但是没有实施创业的勇气，等等。"丧文化"是当前年轻人群体中存在的一种文化，它表现的是大学生内心的颓废情绪，即一种低迷、消沉、欲望低下的情绪。"丧文化"实际上是年轻人因为其内心目标与现实之间存在差距而产生的情感宣泄。一些大学生表现出比较"丧"的精神状态，其在学业上不思进取，遇到困难时选择逃避退缩，遇事不敢担当、不敢作为。一些年轻人在互联网上追捧"丧文化"，在自媒体平台上分享、传递这种精神状态，会使这种负面情绪在大学生群体中不断蔓延。作为未来社会主义事业的接班人，这种精神状态是非常危险的。

第二节 大学生网络行为与当前高校教育管理现状之间的错位

大学生的网络行为与其现实行为有着截然不同的特征，高校的学生教育管理工作绝不能忽视大学生的网络行为。目前，我国大多数高校的学生教育管理模式仍然是以大学生的现实行为为对象，而大学生的网络行为与当下我国高校的教育管理模式存在错位，这造成了我国一些高校的教育管理模式滞后于大学生网络行为的发展。

一、大学生的网络自我表达欲望高涨与高校舆情管理能力不足之间的错位

个性化的价值追求是"00 后"大学生的显著特点之一。与"80 后""90 后"大学生相比，"00 后"大学生更加注重自身感受，他们个性张扬，更喜欢个性化地表达自己的意见。"00 后"大学生的情感表达欲望强烈，他们敢于将自己的真实想法表达出来，而不是藏在心底。"00 后"大学生已经不甘于作为网络舆论的关注者和倾听者，他们乐于成为舆论的传播者和发声者。作为思想活跃的群体，"00 后"大学生有着强烈的获取知识、表达诉求和宣泄情绪的需求。网络新媒体的发展为"00 后"大学生的意见表达提供了非常好的平台，新媒体的扁平性、匿名性、交互性、便捷性等特点使大学生获得了更多的表达机会，使其可以在互联网上畅所欲言。人们可以根据自己的需要选择信息，手机拥有者可以自己决定通过什么方式获取什么内容的信息。

现阶段，越来越多的新媒体平台，如微博、微信、QQ、抖音等成为大学生日常生活中的主要网络交流平台。在话题选择上，大学生既积极关注国内外时事热点等宏观话题，也热衷于美食、旅行、学习等日常话题。大学生会在不同的媒体平台上进行相应内容的传播，在熟人较多的微信朋友圈主要呈现分享性内容，而在陌生人较多的微博等平台则发布吐槽和评论等评论性内容。"00 后"大学生形成了其特有的个性化网络话语体系、网络发声方式、舆论表达方式。动漫表情包、网络流行语、网络梗图等是大学生喜欢的用于交流的话语形式符号。大学生习惯于利用互联网技术，将语音、图片、视频、文字等进行糅合，表达个性化的话语模式。

大学生的网络自我表达是社会舆论的重要组成部分，他们比其他社会群体的思想更活跃，更愿意针对社会焦点、热点事件表达自己的观点和态度。相关数据显示，2020 年全国高校重大舆情同比

增加33%，与2018年相比增幅达到133%。❶ 大学生集中的网络社交社区已经成为大学生网络舆论的集散地，具有一定的网络舆论影响力。大学生通过各种社交媒体主动表达个人意见的行为推动了网络文化的多样性发展，但也带来了新的隐忧，出现了偏激表达、情绪化表达意见等问题，增加了高校对大学生进行教育管理的难度。大学生正处于思想道德的塑造期，其思想、道德、价值观等还不够成熟，缺乏独立判断能力，难以准确地认识和判断社会网络热点事件的本质。大学生在表达网络意见时，容易受到网络社交媒体舆论氛围的影响。作为网络社交媒体中的积极分子，大学生比较感性，容易出现偏激、情绪化的言论表达。由于具有虚拟性、匿名性特征，非理性和非道德的言论在网络新媒体中的可控性比较低，容易不受控制地迅速传播。近些年，随着网络新媒体平台的发展，一些大学生的言论及其牵涉的事件能够掀起网络舆论高潮，也让一些高校陷入舆情旋涡之中。所以，加强大学生的网络舆论引导是高校面临的重要课题。

面对日益凸显的大学生网络意见表达问题，许多高校的大学生网络舆情管理工作显得跟不上节奏。虽然高校普遍具有重视网络思想政治教育的理念，但其在专业队伍建设、网络监管制度、舆情引导机制等方面与现实要求还有很大差距。高校的官方媒体平台属于学校的可控网络领域，由专门的部门负责，但是，官方媒体平台对大学生的影响有限，仅被大学生用于查看学校通知和浏览校园新闻，大学生更倾向于使用社会网络社交平台发表意见。社会网络社交平台属于高校无法掌控的领域，这增加了高校正向引导大学生网络意见表达的难度。尤其是在出现重大网络舆情时，某些涉事高校处理得不够完美，其往往只顾减轻事件的影响，而忽视了大学生强烈的网络意见表达意愿，与新媒体时代所要求的网络舆情应对能力

---

❶ 校长们请注意：2021年高校舆情风险清单［EB/OL］.（2021－01－12）［2022－06－10］. http://baijiahao.baidu.com/s? id＝1688690722539646654&wfr＝spider&for＝pc.

相距甚远。一些高校在面对网络舆情时，缺乏成熟的应对处理机制，不能及时跟踪网络言论走向。一些高校对大学生网络舆论表达的规范主要体现在对互联网信息技术层面的规范及校园网络的管理上，而没有体现在对大学生网络舆论表达的教育方面。学校团委和学生工作处没有真正发挥出网络思想政治教育的关键作用，校园网络平台只被当作布告栏、通知栏，其内容单一枯燥，无法吸引学生。辅导员日常管理任务繁重，其在紧跟网络舆论潮流、引导学生舆论动向方面难免会有滞后。高校思想政治理论课教师通常进行思想政治理论教育，而在教育引导大学生网络舆情方面往往存在滞后性。大学生网络自我表达意愿的高涨不可避免地会对高校舆情引导工作造成冲击，但同时又为创新学校管理教育模式提供了新的契机。

二、大学生的网络失范行为与高校网络监管体系不健全之间的错位

随着互联网的高速发展，大学生的网络失范行为也不断增加。近几年，大学生的网络犯罪行为数量呈上升趋势，相关报道显示，在 2020 年我国检察机关起诉的网络犯罪案件中，未成年犯罪嫌疑人的数量同比增长 35.1% ，在校学生的数量同比增长 80% ，如一些在校学生受利益诱惑，出售个人银行卡、电话卡，为网络犯罪提供帮助，有的甚至被发展成收售"两卡"的职业卡商，从而陷入网络犯罪的深渊。❶ 大学生的网络侵权行为比较突出。例如，北京互联网法院经调研发现，以青少年为涉嫌侵权主体（即案件被告）的网络侵害名誉权行为集中出现于从事演艺工作的公众人物名誉权侵权案件中，同时体现出近年兴起的"粉丝文化"的突出特点，此类案件共计 125 件，占全部网络侵害名誉权纠纷的 11.63% 。在上述

---

❶ 最高人民检察院发布厅.2020 年检察机关起诉涉嫌网络犯罪人数上升近五成 [EB/OL]. (2021 – 04 – 07) [2022 – 06 – 10]. https：//www.spp.gov.cn/spp/xwfbh/wsfbt/202104/t20210407_ 514984.shtml#2.

纠纷中，作为被告的青少年大部分为在校大学生。❶ 显性约束相对薄弱的网络空间环境为大学生网络失范行为的滋生提供了"温床"。大学生面对现实利益诱惑和各种感官刺激，如果对不良行为的评判意识模糊，潜在的网络失范行为风险就会较高。

高校是网络知识侵权的重灾区。网络技术是一把"双刃剑"，它既为大学生获取丰富的学习资料提供了有效手段，也为一些大学生利用网络进行抄袭、剽窃等侵权行为打开了方便之门。随着互联网的发展，一些大学生的学术剽窃不再局限于传统手段，而是可以通过网络途径轻易地完成。大学生利用网络实施侵权行为更加肆无忌惮，不论是平时作业、结业考试还是毕业论文，都存在利用网络抄袭、剽窃、滥用他人学术成果的情况。大学生网络侵权行为的不断出现破坏了高校严谨、诚信的学术氛围。

大学生的网络侵权行为多发与缺乏完善的法律制度有直接关系，网络的虚拟性和无限制条件等特点又造成证据搜集困难。大学校园的网络管理不够严格，缺乏完善的管理制度和专业的网络管理人才，这些问题说明高校在网络侵权行为管理方面存在不足。我国一些高校在学术道德规范相关体系的建设方面偏于薄弱，大学生对学术道德规范的认识程度不够。端正学术态度、严格遵守学术道德标准对每一位在校大学生来说都很重要。一些高校思想政治工作者的网络素养不高，没有认识到学术道德教育的重要性，对大学生进行网络规范教育的能力不足。有些高校在对思想政治工作者进行培训时，对网络侵权行为意识和能力的内容不够重视。要纠正大学生的网络侵权行为，首先，全社会需要营造良好的网络环境，强化网络监管系统以及完善相关网络学术道德的法律法规；其次，高校需要制定学术规范要求，弘扬学术道德，教育大学生树立正确的学术道德意识；最后，教师需要对大学生进行相关内容的教育，对大学

---

❶ 北京互联网法院．"粉丝文化"与青少年网络言论失范问题研究报告 ［R/OL］.（2019－12－20）［2022－06－10］. https：//baijiahao. baidu. com/s？id＝16534235673749 71980&wfr＝spider & for＝pc.

生的网络侵权行为进行引导与监督。

三、大学生碎片化网络行为与系统性理论知识教育模式之间的错位

碎片化阅读是当前互联网技术发展的必然产物，互联网媒体为人们获取信息、阅读信息提供了极大的便利。在手机成为人们必备的贴身工具的情况下，传统的纸媒阅读已经不适应人们快节奏的生活方式。手机微信、微博、QQ等即时社交软件成为人们随时接收信息的渠道，成为手机阅读的首选工具。人们习惯于每天阅读微信公众号、微信朋友圈推送与分享的各种内容，网络碎片化阅读正逐渐取代纸媒的深度阅读，成为人们获取信息的重要方式。与传统纸媒阅读方式相比，网络碎片化阅读的成本低、信息更新快、获取便捷，适合人们的各种零碎时间。碎片化阅读方式能够使阅读者打破时空的限制随时获取阅读信息；互联网的精准推送能够帮助阅读者极大地节省选择内容的时间和精力，降低了阅读无用信息的概率，提高了阅读效率；网络资源的快速传递与更新加大了阅读者的信息量。但是，这种碎片化的信息会削弱大学生的独立思考能力，大学生只是快照式地浏览各种信息，缺少深层次的鉴赏与品味过程，丧失了思考的空间与时间。

大学生学习的主要目的是建立完整的知识体系，而互联网所提供的碎片化知识以及碎片化的阅读习惯会导致大学生无法开展系统化的学习。碎片化的学习往往只是知识点的堆积，而不是一个逻辑推进和知识体系构建的过程。只进行碎片化阅读和学习无法培养大学生的逻辑思维能力，其深入思考和解决问题的能力也会不断下降。在一个碎片化的网络空间中，碎片化阅读挤占了大学生大量的宝贵时间。这种信息获取方式从严格意义上说不是学习，而是一种浏览信息的休闲行为。在经常被手机信息提示音打断的情况下，人们往往没有较长的时间深入地阅读一篇好文章，例如，被分享到朋友圈里的文章即使是内容丰富的好文章，人们也只是急着收藏和向

别人分享，而没有太多的时间沉下心来仔细阅读。对在校大学生来说，要学习系统的知识、做精深的研究，只利用网络是远远不够的，还需要充分利用传统的纸质图书和电子数据库进行系统化的学习。这就要求大学生必须拒绝浮躁，静心阅读经典，养成独立思考、踏实学习的习惯。但是，当前高校采用的是一种系统性理论知识教育模式，这种教育模式与大学生的学习习惯之间产生了错位。网络带来的碎片化特征难以避免，大学生的碎片化学习与高校的系统化教育之间的矛盾日益突出，如何将二者有机融合成为决定高校教育能否成功的关键所在。

当今社会，碎片化学习已经成为一种趋势，否定碎片化学习已经没有可能。高校应该处理好碎片化学习与系统化学习之间的关系。高校的传统教学是以系统化学习为主，师生在课堂上进行面对面的知识传递；而碎片化学习是学生以个人兴趣和需要为中心，它不是传统的学科知识体系，而是个性化的知识体系。传统教育是以教师为主导，教师根据学科理论体系进行教学；而碎片化学习是个人主动的、个性化的知识获取方式，这种学习过程不是自我生成的。对大学生来讲，碎片化学习在获取海量知识方面具有巨大的优势。大学生应该有意识地对碎片化知识进行重新组织和建构，将其转变成系统化知识。高校应该认真研究如何处理大学生的碎片化学习与系统化教育之间的关系，使两者相辅相成。

四、大学生的个性化需求与高校统一化教育之间的错位

许多"00后"大学生是在众多长辈的关注下成长起来的独生子女，他们普遍具有以自我为中心的个性，这种个性使一些"00后"大学生更加倾向于追求个人价值的实现。在处理人际关系方面，"00后"大学生的思想比较开放，他们注重自我意识、主观感受，集体意识则比较薄弱。他们强调个体的自由与独立，容易以自我为中心，做事时更多的是考虑自己，而很少考虑他人，对其他同学不够关心和关注。"00后"大学生在处理个人利益和集体利益的

关系时，往往更注重个人利益，面对集体事务，如果与自己没有直接利害关系，其往往表现得比较冷漠，缺乏团结协作意识。在对待人生理想的态度方面，"00后"大学生更加理性、务实，其对于远大理想相对淡漠，更注重如何提升自己，解决自己的生存与发展问题。他们更愿意对自己感兴趣的领域不断进行投资与学习，由此实现自我成长。在消费方面，"00后"大学生的消费观念比较务实，他们的消费比较有目的性，盲目消费的情况较少。他们不会人云亦云，而是更在意自己的需要获得满足。他们的物质消费主要用于购买日常生活用品，其对消费品质有一定要求，更期望获得高品质、高性价比的商品和服务。相较于流行趋势、网红推荐、明星代言、广告宣传等外在因素，"00后"大学生更关注商品的性价比、个人需要和商品口碑等实实在在的因素。在社交方面，"00后"大学生比较坚持自我，不愿意在无用的社交上浪费时间。他们倾向于寻找志同道合的朋友，并彼此关注、分享信息、讨论共同话题。和"80后""90后"大学生相比，"00后"大学生也追星，但是盲目追星的现象较少。他们对偶像的崇拜趋于理性化，从盲目崇拜转变为对才艺和人品的关注，为了自己的偶像而走极端的现象较少。在人生发展方面，"00后"大学生更加相信依靠自己的努力能够实现自我发展，而不是依靠父母、家庭背景来实现个人发展。在高考择校、志愿填报、职业选择等方面，"00后"大学生表现出更强的独立性，他们有更多的自信依靠自己实现人生的发展。

互联网为大学生满足个性化需要提供了契机。"00后"大学生个性突出、思想多元，他们渴望展示自己独特的个性，追求个性化的发展。每一个大学生都希望进入理想的学校、专业，学习自己想学的知识，但现实中并不能满足所有人的愿望。网络大数据、人工智能技术为大学生的个性化发展需要提供了客观技术条件。互联网能够为大学生创设更加贴合自己学习需要的情境，在这个情境里，他们根据自己的个性、兴趣和特长获取学习资料，超越时间、空间的限制自主安排学习，避免了传统课堂教学情境乏味、教学内容单一等缺点。互联网使大学生可以尽情地展现自己的个性，他们在网络世界中可以快速掌握前沿信息，其思维模式和行为习惯也越来越多地受到网络的影响。

当前大学生追求个性化发展，渴望接受更专业、更有针对性的教育，这都对高校的教育理念、教育模式等提出了更高的要求。高校统一化的教育模式与大学生的个性化教育需求之间存在错位。我国大多数高校采用大中班制、统一化的教育模式，个性化教育普遍不足。而个性化是当代大学生的普遍要求，传统的高校教育管理模式已经无法满足大学生个性化发展的要求。传统课堂的集体管理模式以规范性的普惠式教育面向大学生，虽然其覆盖面广，但是较少考虑大学生的个性化需求，难以达到教育目的。在教育引导方式方面，高校开展大学生思想和行为引导工作的目的是培养德才兼备、符合时代要求的高素质人才。各高校往往采用相同的教育引导方式，但以这种模式培养出来的大学生的个性将被削弱。统一的教育目的不等于必须采用相同的教育引导方式。高校应该紧紧围绕人才培养目标，建立个性化的引导机制，搭建多样化的引导平台教育大学生。在教学方式方面，传统的教学方式比较单一，高校教师一般宽泛地给大学生讲授课程内容，教学内容和社会脱节，忽视了大学生的个性化发展需求。高校教师需要开展个性化的活动，因为有针对性的教育内容才能引起大学生的兴趣。在学生管理方面，形式主义、大范围开会等管理形式已经不适应个性化极强的"00后"大学生的需求。高校管理者应该变革工作理念，适应互联网时代的要求，把大学生的个性化发展服务作为工作的重点。

五、大学生网络行为的娱乐化特征与高校知识教育要求之间的错位

大学生网络行为呈现出娱乐化特征，相较于"80后""90后"大学生，"00后"大学生更倾向于选择网络娱乐方式，他们习惯于通过网络平台和各种手机APP来实现自己的休闲娱乐活动，因此其

对网络的依赖性更强。网络直播、短视频、网络游戏、在线视频等都是"00后"大学生所热捧的娱乐形式。随着互联网全息媒体的发展，互联网给大学生提供了越来越多、越来越逼真的虚拟场景。互联网上的娱乐世界越来越精彩纷呈，不断丰富着人们的网络生活。网络娱乐不断瞄准人们的感官愉悦性，以大众所能接受的通俗易懂、易于激发好奇心的形式进行传播。网络平台为了吸引受众、增加点击率，朝着娱乐化的方向发展，有的网络媒体片面地追求新闻标题的新奇性和趣味性，刻意制造戏剧效果。对"00后"大学生来讲，休闲娱乐成为其上网时的最大需求之一，他们刷抖音、看直播、玩游戏、追影视剧等，一些大学生不论是在宿舍里还是在教室里，都沉浸于网络所带来的娱乐享受中。

适当的娱乐可以放松心情，但长期痴迷于娱乐则会带来严重的负面问题。如果大学生用于网络娱乐的时间过多，其正常学习、休息的时间必然会减少。在高校里，一部分大学生把业余时间用在网络娱乐方面，有的学生甚至为了玩游戏而旷课、晚上不睡觉。这不但会影响学业，也会对其健康造成不良影响。过度娱乐会削弱大学生的学习热情和奋斗精神。一些大学生热衷于娱乐新闻、明星八卦，对时政新闻、国家大事却不感兴趣。一些大学生沉迷于"饭圈"文化，迷恋偶像，在网络上进行各种追星行为。还有一些大学生沉迷于网络游戏，试图在网络游戏世界里"称王称霸"，逃避现实世界。他们长期沉迷于网络游戏所带来的满足感中，把学习任务抛在脑后，导致学习成绩直线下降。过度娱乐化也在悄然扭曲着大学生的价值观。随着网络娱乐化倾向的发展，大学生在网络直播、网络游戏、网络消遣等方面花费的时间越来越多，一些网红、明星、娱乐节目、网络游戏背后隐藏的享乐主义和个人主义严重削弱了大学生的社会责任感。在网络娱乐至上的价值导向下，各类网红、明星、节目不断追求娱乐极端化，各种恶搞、扮丑行为充斥着互联网，这些行为降低了大学生的审美素养，拉低了大学生价值标准，严重影响了大学生正确价值观的形成。

与娱乐化的网络世界相比，高校是大学生学习知识的场所。学习知识本身和学习知识的环境一般是比较枯燥的。大学生网络娱乐行为与知识学习呈现出一种反向关系，如果大学生习惯于接受娱乐化行为，他们对枯燥的理论知识学习将更加排斥。现在，几乎每一位教师都面临着与互联网、手机争夺大学生的喜爱和关注的问题。一些高校曾经不得不规定，不允许学生把手机带进教室，但是实施效果并不理想。高校除了不断完善规章制度，规范和约束大学生的上网时间，还需要改善校园文化环境，变革教育模式，把大学生的注意力从网络世界拉回校园的实际生活中。

良好的校园文化氛围对大学生有着积极的作用，对于高校来说，把大学生从网络世界拉回校园的实际生活中并不是不能完成的任务。有的大学校园，学生在教室、图书馆中忙着学习；有的大学校园，学生则在宿舍忙着玩网络游戏。这种出现在不同校园里的截然不同的现象，和学校的文化氛围具有直接的关系。如果校园具有浓厚的学习、学术氛围，学生就会忙于学习而无暇上网；如果校园文化活动丰富多彩、富有吸引力，学生就会忙于各种校园活动。因此，建设良好的校园文化氛围是高校立德树人工作的重要内容。

高校还需要营造良好的网络文化氛围，加强学校官方网站的建设，发挥好学校官方微博、微信公众号等的交流互动功能，推出学校文化精品，提高大学生的文化素养。通过增加校园网络平台的吸引力，转移大学生对商业娱乐性网络平台和游戏的注意力。高校教师应该倾听大学生的需求和反馈，利用互联网的可视化、形象化、互动化等特点，让大学生在轻松的氛围中学习知识。

六、大学生网络社群行为与高校集体教育之间的错位

新型网络社交平台如雨后春笋般不断涌现，具有开放性、交互性和平等性特点的网络社交平台成为当代青年人新的生活方式。QQ、微信、微博、陌陌、探探等社交软件为"00后"大学生提供了便捷、灵活的社交模式，使他们可以不受现实环境的限制而开展

网络社交活动。这些软件除了可以方便大学生与亲朋好友进行即时联系，也可以方便大学生与陌生人之间的联系和交友。在虚拟的网络空间里，大学生可以根据自己的需求选择是否隐藏个人信息和社交模式，这极大地满足了大学生的主观诉求，使其社交活动更加自由、自主。他们通过在网络社交平台上与和自己具有共同兴趣爱好的人不断互动，逐渐形成稳定的网络社群。网络社群是人们现实关系的延伸，它是人们在更大范围内实现社会化的过程。根据功能和属性的不同，网络社群主要包括即时通信、交友互动的网络交流社群，共享资源的网络社群，网络游戏社群等。但是，网络社群与现实社会中的社群不同，它呈现出不同于现实社会的交往方式和价值理念。大学生在网络社群中非常活跃，其通过网络社群进行互动交流已经成为常态。

大学生的网络社群行为对其成长具有重要影响。大学生在网络社群中隐藏自己的真实身份，通过虚拟的网络角色展示自我，可以与全世界的陌生人进行交流分享。网络社群的群组规范和整体生态氛围会对大学生的网络行为产生很大影响。在匿名的情况下，网络社群的社会规范和舆论导向会促使大学生遵守社群规范，形成群体的行为特征。在网络社群中，大学生使用相同的网络流行语、表情符号进行意见表达，对共同关注的对象进行分析、评价，彼此获得身份认同感和情感共鸣，形成了亚文化群体。大学生在网络社群中迅速占领一席之地，每一个大学生在社群中都可以自由地发表意见，每个网络社群中都有具有群体影响力的舆论领袖，引领着社群的网络舆情。网络社群的虚拟性与自由性也为谣言和错误信息的滋生、流传提供了土壤，让网络空间变得纷繁复杂。大学生的心智尚未成熟，难以分辨网络信息的真假，如何把控网络社群的思潮成为高校思想政治教育工作的难点。

网络社群正在重新构建大学生的思想方式和道德规范。网络社群"去中心化"的交互关系为大学生提供了直接参与内容生产、自主表达和信息传播的机会，大学生可以获取海量的多元化信息。这会冲击和消解高校思想政治教育工作者在大学生头脑中构建的知识体系，挑战高校思想政治教育的话语权。如果网络社群中存在大量非理性、消极的内容，就会让尚未建立起成熟价值观的大学生陷入迷茫。网络社群具有"圈层化"特点，即相对的封闭性和排他性。当大学生在网络社群中形成闭环的信息通道时，高校的思想政治教育工作就会非常被动，思想政治教育会被大学生隔离在闭环场域之外。大学生并不都具备独立思考的能力，他们在网络社群中容易受到各种信息的支配，这不仅会对大学生的身心造成伤害，也给网络安全带来了严重隐患。网络社群是一种新的公共领域，其舆论会对互联网舆论产生很大影响。一些西方势力凭借其优势地位，利用网络社交平台进行意识形态的输出与渗透，他们利用大学生的不理性、易盲从等特点，通过对社会焦点问题进行舆论引导，吸引大学生对热点话题进行讨论，并把舆论焦点引向对现实的不满，不断发酵议题，形成强大的网络舆论风暴，企图达到扰乱国家意识形态安全的目的。

大学生网络社群行为引发的种种危机和挑战警示着高校思想政治教育工作者必须做好网络社群的引导工作。但是，我国大多数高校对大学生的集体教育仍然立足于大学生的现实群体行为，按照不同的专业、不同的年级、不同的性别等划分群体，以二级学院为单位对大学生进行管理。高校缺乏对大学生网络社群行为的了解和研究，更没有根据网络社群特点进行分类管理的模式。大学生的现实行为与网络行为不完全相同。许多大学生在现实生活中表现得规规矩矩，因为学校和教师在现实生活中掌握着学生的成绩、奖惩等决定学生前途命运的东西，许多学生即使心中不满也不敢表达。而在网络社群中，许多大学生可能会非常叛逆，在网络空间中，在没有任何压力的情况下，他们更敢于表达自己的真实想法。为了保证高校思想政治工作的有效性和针对性，必须主动了解大学生的网络社群行为，适应大学生网络社群行为特点要求，引导大学生网络社群健康发展。

第五章　大学生网络行为规范的
国外经验借鉴

　　青少年网络行为规范的制定是一个全球性的问题，国外一些教育机构从各个方面探索青少年的网络行为规范问题。西方国家对于青少年的网络行为已经进行了很多探索，并且形成了一套较为成熟的教育规范体系。虽然我国与其他国家的国情存在明显的差异，不能直接照搬他国的经验，但是其他国家积累的成功经验对我国仍然具有借鉴意义。我们可以积极地对国外的理论研究成果和成功实践经验进行借鉴，取其精华、去其糟粕。

第一节　国外大学生网络行为现状概述

一、网络在线学习成为大学生的重要网络行为方式

（一）广泛利用在线资源成为大学生新的学习方式

　　互联网已成为很多国家的大学生搜集学习资料的主要平台。互联网改变了大学生的学习方式，使大学生能够广泛利用网络在线资源。国外很多高校已经建立了在线图书馆数据库，将图书、期刊资料数字化，极大地方便了大学生对资料的搜集和查阅。大学生搜索在线图书馆数据库，在互联网上查询各种学习资料已经成为其学习常态。大学生的阅读对象也从纸质文本转变为数字文本。国外大学生更容易接受电子书阅读器，他们更愿意在屏幕上阅读材料，而不

是阅读纸质文本。西方国家的 Kindle、iPad 和 Nook 等电子书阅读器在大学生群体中比较受欢迎，这些电子书设备内含海量的在线电子图书，给大学生提供了快速阅读图书的机会。各种电子书设备的功能越来越完善，电子资源越来越丰富，给大学生带来了更好的阅读体验。网络中关于图书的介绍和评论对大学生的影响也越来越大。大学生在社交平台和电子书平台上在线评论各种畅销书籍，这些评论会影响其他大学生的阅读选择。因为这些来自大学生群体的评论更能体现大学生的群体特性，更能真实地反映大学生的感受，所以能够为大学生选择图书提供更有参考性的建议。

西方国家的大学生已经将利用网络在线资源作为自己学习的主要方式，其学习过程对网络的依赖性更大。在线阅读给大学生提供了极大的便利，但同时也让大学生失去了深度阅读的耐心。高校教师给学生布置阅读作业后，很多大学生以阅读在线概要复制别人的作业应付了事，各国大学生都在一定程度上存在抄袭现象。

（二）利用互联网平台开展线上教学逐渐成为教育常态

近年来，国外网络教学迅速发展，许多国家都出现了多种多样的线上教育产品。美国环境透视（Ambient Insight）公司的研究报告曾对全球学习技术产品市场现状进行详尽的介绍，其总结了八种线上教育产品，包括用于自学的电子课件产品和考试产品、数字媒体、协作学习平台、社会性学习产品、仿真性学习产品、游戏式学习产品、认知学习产品、移动学习产品。该报告指出，2016 年，美国有 73% 的大学生使用在线学习完成了部分课程。❶ 网络教学日益受到各国高校的青睐，特别是新冠疫情暴发时期，很多国家的学校都开启了网络教学模式。网络教学模式基本上是教师使用网络进行教学内容的传递、互动和导学，学生通过网络获取学习资源，与教师以及其他学生进行互动，并在学习过程中得到学习支持服务，

---

❶ SEAMAN J E, ALLEN E, SEAMAN J. Grade Increase：Tracking Distance Education in the United States ［R］. Babson Survey Research Group，2018：8.

从而获得知识。例如，美国佩斯大学实行了多年的网络教学模式，教师使用各种网络教学工具提升教学效果，课后，教师使用网络教学平台或社交软件与学生进行学习交流，促进学生自主学习。❶ 网络教学与线下教学相结合，二者优势互补，提高了教学的实际效果。网络教学契合大学生依赖网络的特点，能够引起大学生的兴趣。但是，网络教学对大多数国家的高校来讲基本上都处于起步阶段。即使在发达国家的高校，网络教学也只是作为传统课堂教学的补充，而不是取代传统教学。作为一种新型教学方式，网络教学在实施过程中存在一定偏差和缺失，面临许多新问题。例如，教师需要花费大量的时间学习网络技术，在网络教学过程中，教师往往会面临相关硬件、软件的技术问题以及技术和文化障碍。大学生对于网络教学更多的是新鲜感，而不是真正适应了这种教学模式。许多大学生的信息技术能力和自我管理能力还不符合网络教学的要求，他们在网络课堂上投入的精力和时间更少，精力更分散。如何教育大学生自觉屏蔽各种网络娱乐诱惑而专注于网络学习，是全世界高校面临的共同问题。

二、网络社交平台成为大学生网络行为的重要场域

据咨询机构 Kepios 最新报告显示，现在全球共有近 50 亿（48.8 亿）人活跃在社交网络上，同比增长 3.7%，占全球人口的比例已经达到 60.6%。此外，全球范围内的社交网络用户数量正在接近全球网民数量，后者总数为 51.9 亿人，占全球人口比例为 64.5%。全球用户每天花在社交网络上的时间达到 2 小时 26 分钟，社交网络用户平均使用的平台数量超过 7 个。❷ 大约 57% 的社交网站使用者为 18~29 岁的青少年，超过 50% 的大学生每天登录好几

❶ 廖丽洁. 美国大学生自主学习能力培养与启示［J］. 深圳职业技术学院学报，2019，18（4）：72-74.

❷ 山西新闻网. 报告显示全球社交网络用户近 50 亿［EB/OL］.（2023-07-24）［2023-08-07］. http：//news. sxrb. com/GB/314064/10027517. html.

次社交网站；学生将 25% 的时间用在了社交网站上。在美国，"Z
世代"（1995—2009 年出生的人）已经成为人数最多的一个年龄阶
层，占美国总人口的 25.9% ，他们成为最富有个性、最具多元文化
的一代人。Criteo 公司关于"Z 世代"的报告表明，超过半数的
"Z 世代"每天多次使用"脸书"（Facebook）等社交网站，每周观
看视频的时间长达 23 小时，这是"Z 世代"与世界连通的主要方
式。❶ 美国的"Z 世代"大学生会在不同的社交媒体上从事不同的
网络活动，他们会用"照片墙"（Instagram）关注其所喜爱品牌的
最新动向，用"色拉布"（Snapchat）上传自己的自拍视频，用
"脸书"联系自己的社交圈，用"油管"（Youtube）观看各种各样
的短视频。与之前世代的大学生相比，现在的美国大学生不再钟情
于某一个社交媒体。例如，2014 年美国年轻人使用"脸书"的比
例高达 71% ，而到 2018 年，这个比例下降到 51% 。大学生根据自
己的需要和社交媒体的功能同时使用多个社交媒体，他们可以使用
手机的分屏功能，同时打开多个社交媒体。在一些发展中国家，大
学生也大量使用社交网络，"脸书""油管""推特"（Twitter）等
社交平台在发展中国家的大学生群体中也非常流行。他们对社交平
台的要求是新鲜、时尚，他们希望更加自由地表达自己的个性和创
造力。

　　TikTok 作为一个新兴的社交媒体平台近几年在世界范围内迅速
发展，其由于独特的优势而受到年轻人的追捧。TikTok 中每个视频
的时间都很短，但内容多种多样，它还内置了许多热门的背景音
乐，可以给受众带来非常放松的体验，很好地填充了人们的空闲时
间。TikTok 简化了视频剪辑操作，并提供了大量可供选择的功能，
任何人都可以使用它编辑并发布短视频。TikTok 的算法技术通过分
析用户的在线活动计算出其兴趣偏好，然后通过平台向他们推荐相

---

　　❶ 校果研究院．"千禧"已经过去，品牌如何去抓住"Z 世代"［EB/OL］．（2021 –
04 –02）［2022 –06 –15］．https：//www.sohu.com/a/458638721_ 100141211.

关内容。这一功能极大地满足了大学生基于个人兴趣的信息需求。TikTok 已成为美国大学生日常生活中必不可少的一部分，他们使用 TikTok 的主要目的在于寻求信息、提供信息、社交互动等。

网络改变了年轻人的交流方式、生活方式。他们观看网络短视频的耐心严重缺乏，平均注意力集中时长只有 8 秒。大学生们越来越没有耐心观看长视频，所以很多短视频软件为了吸引大学生的注意力而缩短了短视频的时长。美国的一些教育研究结果显示，沉迷社交媒体对大学生产生了很多负面影响，他们把大量的时间花在社交平台上，学习时间就会相应减少。有研究证明"脸书"使用时间长的大学生的学业成绩等级较低，"脸书"用户的平均 GPA 绩点为 3.0 ~ 3.5，而非"脸书"用户的 GPA 绩点为 3.5 ~ 4.0；"脸书"用户每周平均学习 1 ~ 5 个小时，而非"脸书"用户每周学习 11 ~ 15 个小时。❶ 另外，很多大学生在学习或完成作业时，会同时运行社交网站，这导致了大学生学习时的注意力分散，影响了学习效果。大学生的思想和心理并不成熟，很容易受各种极端言论的影响。但是，社交平台又给大学生创造了自由发表言论的机会，这加剧了大学生思想的极端化。大多数美国大学生认为，社交平台是自己的私密社交空间，不是学校的领地，学校是不能主动监管学生社交社区的。但是，在大学生的社交社区中存在一些不适当言论，这些言论对大学生的思想观念产生了很大的影响，容易导致其思想观念走向极端化。

网络社交平台为年轻人提供了构建或表达自己身份的象征性资源，用户生成的内容在很大程度上有助于青年身份和青年文化的形成。但是，大学生对于网络社交平台的过度依赖会对其心理产生一些负面影响。一些大学生随时都在关注自己的社交网络的点赞量和

❶ Renay San Miguel. Study on Facebook and Grades Becomes Learning Experience for Researcher [EB/OL]. (2009 – 04 – 14) [2022 – 08 – 06]. https：//www.technewsworld. com/story/study – on – facebook – and – grades – becomes – learning – experience – for – researcher – 66805. html.

评价，以此来满足自己的心理需要。如果自己的作品没有收到任何点赞或评论，他们就会感到非常难过和孤独。一些大学生依赖虚拟世界寻找心灵慰藉，而其在现实世界中会变得更加孤独。

三、大学生网络政治行为成为影响社会政治认同的重要因素

社交媒体给大学生创造了新的公开空间，在议题方面，大学生已经不是网络媒体的倾听者，而是强势的意见主导者和发声者。在社交媒体中，人人都是主导者。网络社交平台通过调整其平台算法的基本设计对用户浏览的内容进行定制，使人们在网络上获得的各种信息偏向于自己感兴趣的内容，从而最大限度地满足用户的需求，提高用户的参与度。但是，这也屏蔽了用户兴趣之外的信息，造成用户"信息茧房"问题。信息的单一性使网络社交社区用户的看法越发极端和"抱团"。大学生缺乏社会经验与阅历，作为社交媒体的天然使用者，其容易受到社交媒体的左右与影响，在同伴压力下，某些偏见会被同化。在社群内交流更加高效的同时，社群之间的沟通反而比信息匮乏的时代更加缺乏。网络社交媒体成为不断自我强化的系统，加剧了两极化的情况。网络社交平台实际上给不同群体的人立起了无形的障碍，阻止了不同观念的群体之间的沟通交流。社交媒体的参与者不是互相沟通、欣赏与认同，而是同一阵营中的人集体发泄情绪。社交媒体在传播大学生的意识形态时强化了同一阵营的认同感，阻断了不同阵营之间的沟通。大学生在网络空间中活在自己的圈子里，通常只愿意和意识形态、政策立场与自己高度统一的同学交往沟通。

在以美国为代表的西方国家中，大学生的网络政治行为在网络社交媒体上日益呈现出政治认同的两极分化。美国大学校园如今已成为政治认同极端化的孵化器，正在以偏执的方式塑造并输出具有鲜明政治偏好的公民。以往的年轻人还愿意找跨越阶级界限的朋友，现在大学生的同质化则越来越严重。美国的"00后"大学生

是沉溺于虚拟环境的孤独的一代，也是倾向于公开自己政治立场的一代，他们沉浸于智能手机与社交媒体的虚拟环境中，比以往世代具有更强的政治敏感度与政治攻击性。

四、大学生网络失范行为的风险不断加剧

大学生有较强的从网络中抓取信息的能力，但是他们的辨识能力还不足以使其避免接触各种不良信息。大学生容易高估自己的信息技能和信息鉴别能力，这种过度自信会导致其警惕性和注意力的降低。国外相关研究表明，未成年人在使用网络信息的过程中面临一定的潜在风险，大致可归纳为内容风险、联系风险和商业风险。❶首先，互联网内容的虚拟性和匿名性让一些大学生内心深处罪恶的一面表现得更加肆无忌惮。网络为可能的犯罪提供了更多的途径和便利，年轻人在网络上花的时间越多，越有可能出现暴力行为。大学生在互联网中更容易接触到色情、暴力、仇恨、诈骗等不良信息，经常接触这些不良信息，大学生网络失范行为可能转化为现实生活中的失范行为。其次，网络身份的隐蔽性降低了大学生的自我约束能力，一些大学生会通过社交网络欺凌来寻找解放自我的方法，随着社交网络的发展，网络欺凌现象越来越普遍。网络改变了一些大学生的网络行为道德态度和立场，他们曾非法阅读他人邮件、非法侵入他人的计算机。一些大学生认为网上的信息是公共知识，可以随便使用，他们为了学业在网上抄袭材料且没有意识到错误。最后，大学生的网络消费活动存在潜在的风险。购物、支付平台对个人数据进行收集和商业开放，大学生如果不注意保护个人信息，就会造成个人数据被一些机构利用以获取商业利益。

当前，美国的教育专家比较关注"Z世代"的网络行为特点。"Z世代"大学生具有两大身份特征，即"互联网世代"与"安全

---

❶ VALCKE M, DE WEVER B, VAN KEER H, et al. Long – term study of safe inter-net use of young children [J]. Computers&Education, 2011 (57): 1292 –1305.

匮乏世代"，他们是伴随着各种社交媒体的迅速发展而成长起来的，互联网已经成为他们生活的重要组成部分。同时，他们又是缺乏安全感的世代。"9·11"恐怖袭击事件发生后，美国政府大肆营造恐怖主义危机四伏的气氛，让"Z世代"大学生认为自己时刻处于危险之中。网络社交媒体的普遍应用使"Z世代"大学生的危机感在虚拟的网络空间中被无限放大和强化。在互联网中，不同群体之间的对立和冲突会变得更加激烈。

第二节　国外大学生网络行为规范经验

一、完善国家法律对大学生网络行为的规范

（一）各国政府制定关于青少年的网络保护法

　　各国政府为了保护本国青少年的网络权益，防止网络有害信息对青少年造成危害，都制定了相关的法律。2001年，美国制定了《未成年人互联网保护法》，要求所有接受联邦政府资助的中小学都必须过滤互联网内容。中小学校、公共图书馆建立网络过滤技术系统，防范不良网站的侵袭。德国是世界上最早制定法律规范互联网使用规则的国家之一。《德国刑法典》第184条明确规定，向青少年传播色情内容者将被处罚款或者3年以下有期徒刑；而传播或者有组织地传播儿童色情内容者，将受到最高10年有期徒刑的惩罚。此外，德国《青少年保护法》和《青少年媒体保护——联邦合同》通过更加具体的内容，共同构成防止"黄毒"侵害青少年的法律保护网。❶ 2011年，英国制定并实施《通讯数据法》，并启动5年期的"国家网络安全计划"（NCSP），涵盖打击网络犯罪、提升网络安全能力、支持项目开发等内容。2003年，日本发布《约会类网

---

　　❶ 德国互联网监管有法可依有法必依［EB/OL］.（2010－02－02）［2022－06－15］. http://www.scio.gov.cn/ztk/hlwxx/02/10/Document/538415/538415.htm.

站规制法》，用于防范以网络交友名义实施的未成年人犯罪活动；2008 年 6 月，日本国会通过了《青少年网络环境整治法》，旨在为青少年提供一个安全并且安心的上网环境。该法律一方面强调要指导青少年学会如何恰当地使用互联网，另一方面则通过大力普及过滤软件把青少年浏览不良信息的可能性降到最低。这部法律要求家庭、网络服务商和网民都要保护青少年免受不良信息的影响，其在规定网络服务商有义务提供限制浏览有害信息的过滤软件的同时，也规定家长有责任指导未满 18 岁的青少年适当地使用互联网。❶

（二）各国政府通过法律保障网络信息安全

日本政府比较注重个人网络隐私信息保护。2013 年，日本政府发布了《网络安全战略》，就日本国民信息安全战略进行规划。2014 年 11 月，日本国会众议院通过《网络安全基本法》，决定在日本政府新设"网络安全战略本部"，加强日本政府官方与日本民间私人在网络安全领域的协调和运用。2015 年 8 月，日本参院通过《个人信息保护法（修正案）》，明确了信息处理规则，并规定了对非法使用信息罪的惩罚。日本通过法律规范了网络行为和信息安全，为防止网络犯罪提供了法律依据。韩国政府也重视对网络信息安全的保护。韩国是世界上最早设立互联网审查机构的国家之一。早在 1995 年，韩国国会就修改通过了新的《电信事业法》，将"危险通信信息"作为管制对象，并根据该法组建信息通信伦理委员会。2001 年，韩国颁布《互联网内容过滤法令》，为了保护未成年人，要求网吧、公共图书馆和学校等场所必须安装过滤软件，引入内容分级管理制度。韩国也是世界上较早强制推行"网络实名制"的国家。2006 年年底，韩国国会通过了《促进信息通信网络使用及保护信息法》等法律，规定主要门户网站在接收网民留言、发布照片和视频等操作前，必须先对网民个人的真实姓名和身份证号码

---

❶ 日本大力净化青少年的网络环境 ［EB/OL］. （2010 - 02 - 01）［2022 - 06 - 15］. http：//www. scio. gov. cn/ztk/hlwxx/02/10/Document/537492/537492. htm.

等信息进行记录与验证，否则将对网站处以最高 3000 万韩元的罚款。❶ 美国针对网络安全制订了一系列计划，奥巴马政府启动网络空间政策审查工作，并发布了一系列计划、战略、规范，如 2010 年的《国家网络应急响应计划》、2011 年的《网络空间国际战略》、2015 年的《网络安全法案》和《网络威慑政策》、2016 年的《网络安全国家行动计划》和《美国网络事故协调策略》。特朗普政府保持了从奥巴马执政以来对网络安全治理的政策热度，2017 年陆续公布了《增强联邦政府网络与关键性基础设施网络安全行政令》《在线系统漏洞披露计划框架》《国家安全战略报告》等；2018 年，特朗普政府接连签发了《国防部网络空间战略概要》《国家网络安全战略》等文件。

（三）各国政府对网络信息内容进行规范

为了阻止激进言论在网络上的散播、规范网络舆情，德国政府通过法律对网络言论进行严格规制，以保证网络言论符合社会价值取向和法律原则。1997 年，德国通过《信息自由和传播服务法》，对允许发布违法网络言论的网络服务提供者进行行政处罚；其加强了网络服务商对于控制非法内容传播的责任，以监控危害性言论的传播。2004 年，法国议会通过《数字经济信任法》，阐明了网民享有的权利及相应的责任，提出要保障网络信息传播安全，以实现网络信息内容的规范管理；2009 年，法国议会通过《内部安全行动法》，该法旨在保障网络信息安全，净化网络空间，对网络信息内容进行有效规范。

近些年，随着社交媒体平台的迅猛发展，各国政府也开始制定针对社交媒体平台的法律法规，以进一步加强网络信息监管力度。2021 年，越南信息与传媒部发布《社交网络行为规范》，该行为规范旨在建立社交网络道德规范，加强网络意识，培养用户在社交网

---

❶ 韩国以加强立法和实名制规范网上行为［EB/OL］.（2010 – 02 – 03）［2022 – 06 – 15］. http://www.scio.gov.cn/ztk/hlwxx/02/10/Document/539614/539614.htm.

络上的良好习惯，营造安全、健康的网络空间。但是，该行为规范主要具有劝说性质，并没有法律强制效力。2022 年 4 月，欧盟正式通过《数字服务法》，要求社交平台迅速处理非法内容，并为对平台审查结果有异议的用户提供投诉渠道。英国也发布了《在线安全法案》，除与欧盟《数字服务法》类似的处理非法内容的新规外，该法案还要求社交平台对特定类别的内容进行限制，如鼓励自我伤害的信息等。

各国依据互联网的发展情况制定的相关法律法规规范了互联网空间，营造了良好的虚拟空间氛围。这些法律为各国大学生的网络行为提供了最基本的法律保护，避免了大学生的权益受到侵害。同时，这些法律也对大学生的网络行为进行了有效的规范和引导，以避免大学生的网络行为偏离社会规范。

二、网络平台强化对大学生网络行为的规范

网络虚拟世界的特殊性使一些问题无法完全依靠法律手段得到解决。西方发达国家对互联网的规范管理除了依靠法律的硬约束，也依靠互联网行业自律的软约束。美国对互联网的管理一般较少进行政府干预，而是提倡互联网行业和用户的网络行为自律。1992年，美国计算机协会提出"网络伦理八项要求"。美国计算机伦理协会制定了计算机伦理"摩西十戒"，用伦理道德和职业行为规范来制约其成员的网络行为。美国还有一些民间组织建立了相应的自律模式，以保持互联网行业的健康发展，如纽约的媒体道德联盟主张制定网上道德标准，在网站上提供网民与网络业务提供商（ISP）联系，判断对方是否触犯法律的方法。1998 年，美国颁布《网络免税法》，通过对在自律方面表现好的网络供应商给予免税待遇来鼓励其加强行业自律。英国政府也强调互联网行业规范和自律的作用。1996 年，英国颁布了第一部互联网监管方面的行业规范——《3R 互联网安全规则》，"3R"分别代表分级认定、举报和承担责任。互联网观察基金会负责推进《3R 互联网安全规则》的执行，

治理互联网上的有害信息，互联网服务商协会制定和遵守共同的行为准则，网络内容分级协会对网络内容进行分级并提供免费的内容过滤软件。

近几年，网络社交媒体发展迅速，对其进行监管是各国政府面临的新问题。网络社交媒体对大学生的影响已经超过其他互联网媒体。每个大学生既可以成为社交媒体的信息发布者，又会受到社交媒体中各种繁杂信息的影响。国际组织、各国政府都对网络社交平台上出现的各种问题表示担忧，要求加强对网络社交平台的监管。虽然电视、广播、新闻门户网站等媒体都有具体的监管条例，但是，社交媒体缺乏相应的内容管控。人们担心自己的孩子暴露在各种不健康的网络内容中。各社交媒体加强了平台本身对于网络言论行为的审查和监督。"脸书"总裁曾公开发言称，"脸书"现在越来越像一家政府机构。2017 年，"脸书"曾对色情、恐怖主义、煽动民族仇恨等违反平台规则的言论发布行为进行过严厉打击。2020年，为了给大学生提供一个健康的社交平台，"脸书"开辟了专属于大学生的区块——"脸书校园"（Facebook Campus）。为了保护大学生的隐私，"脸书校园"上的大学社团和活动仅限同校学生加入，用户可以随时删掉个人文件夹，或者在活动记录设置中删除自己在群组中的留言、帖子和活动记录。各大社交平台均设有内容检查人员，对不良内容进行屏蔽，对相关账号进行禁言。这些社交平台每天都要面对庞大的用户群以及惊人的内容发布量，如"脸书"一个月要吊销 100 万个账号。"推特"则使用机器学习和人工审查相结合的方法，判断内容是否违反"推特"规则。面对庞杂的信息，"推特"采用行为优先的方法，在查看用户发布的内容之前，必须先查看他们的行为。但是，自媒体上庞大的内容体量意味着社交平台根本无法审查所有的内容。2022 年 6 月，欧盟发布了新版《欧盟反虚假信息行为准则》，这是网络平台通过自我监管打击虚假信息的倡议，"脸书"母公司、谷歌、微软等美国科技巨头已同意遵守该行为准则，承诺将对虚假信息采取更强硬的态度，否则将面临巨额罚款。这些举措能够增强网络社交平台对于平台内容审查规范的自我责任，对大学生的网络行为能够起到一定的规范作用。

三、学校开设网络素养道德课程规范引导大学生网络行为

伴随着互联网在全世界的普及，网络素养成为人类自身必备的素养之一。联合国教科文组织（UNESCO）与联合国文明联盟（UNAOC）提出了媒体与信息素养的概念，即人们分辨事实和观点、评估文本和图像所带偏见、基于逻辑原则构建与解构文本均为可传授的技能，这是一项经常被低估的技能。❶ 2019 年 9 月，联合国教科文组织指出，大学、大众传媒对公民的媒介与信息素养（Media and Information Literacy，MIL）教育亟待加强。现在，各国政府越来越重视青少年的网络素养道德教育。国外很多大学和组织为了提高大学生的网络综合素质、增强大学生的网络道德观念，开设了相关的网络素养道德课程。美国是最早针对大学生开设网络道德课程的国家之一。1996 年，美国杜克大学开设"伦理学和国际互联网络"课程，该课程采取讨论会的形式，并在面谈和网络两种环境中进行，学习者和授课者可以就某一问题在网络上交流。另外，长岛大学开设了"信息伦理学"课程，加州大学伯克利分校开设了"因特网伦理学"课程，麻省理工学院开设了"电子前沿的伦理与法律"课程等。❷ 美国由州一级的教育行政管理部门制定与网络伦理教育有关的政策法规，如《学生学习的信息素养标准》《美国高等教育信息素养能力标准》和《国家教育技术学生标准》等来保证网络伦理教育的实施。在教育方法上，美国强调隐性、生活化方式，通过讨论法、呈现情境法、案例教学法等多种方式进行

---

❶ United Nations Educational, Scientific and Cultural Organization. UNESCO – UNAOC UNITWIN on Media and Information Literacy and Intercultural Dialogue [EB/OL]. (2022 – 04 – 28) [2022 – 06 – 15]. https://milunesco.unaoc.org/unitwin/.

❷ 杨绍兰. 信息伦理学研究综述 [J]. 情报科学, 2004 (4): 390 – 394.

渗透，反对灌输式教育。相关课程会给学生提供专门的社交软件，学生可以通过自己的社交软件账号与教师交流互动。

新加坡政府非常重视对公民信息辨识能力的教育。新加坡国家图书馆委员会于2013年开始实施网络信息"确信"（S. U. R. E.）运动，S. U. R. E 是指"来源"（Source，S）、"理解"（Understand，U）、"调查"（Research，R）和"评估"（Evaluate，E），即培养公众这四个方面的判断能力。新加坡将 S. U. R. E 学习内容纳入高校的教学大纲，通过相关的宣传和培训，希望使大学生更具有公民意识，了解并履行更多公民应尽的责任。❶ 2013 年，法国高等教育与科研部开始启动法国数字化项目———法国数字大学 （FUN），由政府投资建设 FUN 平台。高校可以在这个平台上开设互联网课程，大学生可以通过这个平台学习互联网相关课程，并提高自己的互联网素养。英国政府非常重视青少年的网络素养和安全教育，其规定每一个 5 岁以上的儿童都要学习"打包、压缩、标记"等网络安全技术，帮助青少年从小形成保护个人网络隐私的习惯。英国高校将网络安全技术设立为一门必修课，要求每一个大学生学习相关内容。

各国高校开设互联网素养道德课程顺应了互联网不断发展的要求，有助于提高大学生的网络技能，加强其对网络伦理秩序的了解。但是，大部分课程的重点是从素质培养的角度提高大学生的网络应用能力，以及教授大学生保护个人安全和隐私的方法，而较少涉及大学生应该遵守的行为规范和原则。

综上所述，各国的网络行为规范各有不同，现在并没有形成全球性的、统一的网络行为规范和规则。而互联网是一个开放的全球性空间，各国共同探讨具有共性的网络伦理道德准则和行为规范是亟待解决的问题。

---

❶ 李静. 重大公共卫生事件中应对网络谣言的道德与法治教育：新加坡的创新经验及启示李静［J］. 南方论刊，2020（12）：53－56.

四、高校加强对大学生网络行为的日常管理

现在，很多国家的高校扩展了学生管理的范围，开始把大学生的网络行为纳入学校管理范畴。美国法律支持高校在校园内拥有对学生言论进行管制的权力。美国马里兰大学制定了完善的学生行为守则和学术诚信守则，由学生行为管理办公室全权负责学生行为管理，培养学生的品行、礼仪和道德体系。学生行为管理办公室根据学生行为管理条例对学生的不当行为进行处罚。根据美国 2003 年《控制色情和市场行为营销法令》，很多高校制定了校规，限制学生通过校园网大量获取他人电子邮件名称、IP 地址，并对经举报证实有不当言论的学生进行处罚。

自媒体的出现，让校内和校外言论的界限越来越模糊。以前在某个场合说的话，只有现场的人听得见；现在通过自媒体发出的信息，瞬间就能传递给众多的人，没有空间限制。2010 年，美国校园中发生了因偷录不雅视频并在社交网站上传播而导致大学生自杀的事件，这一事件引起了人们对于大学生网络欺凌的担忧。美国绝大多数州纷纷修改《反校园欺凌法》，以填补网络欺凌的监管空白。2011 年，美国联邦政府针对高校中的欺凌骚扰案件，制定了《高等教育反骚扰法案》，禁止以任何方式针对他人的种族、肤色、性取向、身体疾病、宗教信仰等进行骚扰。近年来，如果学生在社交媒体上发表与学校活动有关且具有破坏作用的言论，大多数美国法院都允许公立学校对学生进行纪律处分。

目前，美国许多高校通过对大学生的网络行为进行监管来了解其动态，为大学生提供安全保障，规范大学生的行为，对大学生网络犯罪提前预警。在美国各地的大学校园中，越来越多的技术开始被用于集中监视、追踪和管理学生。美国各高校通过大学生入学时办的 ID 卡追踪其行动轨迹，了解其在校园中的活动、消费记录。美国各高校安装了许多监控摄像头，覆盖校园的各个角落，用于监控大学生在校园中的行为。美国高校通过短程手机传感器和覆盖整

个校园的 Wi-Fi，精确地跟踪学生位置，监控学生的学习表现，分析他们的行为或评估他们的心理健康情况。有些学校运用视频监控摄像头记录学生的面部信息，还有一些高校与监控公司达成合作关系，要求监控公司为其监视学生在校园中的活动轨迹，以及学校内部和周围的社交媒体信息，以此发现可能对自身或他人构成威胁的学生，避免发生学生暴力和自杀事件。很多高校利用全球定位系统（GPS）追踪学生行动，并在社交媒体和电子邮件上监视学生信息，学校可以通过追踪这些信息来观察学生的习惯，甚至他们的朋友圈。现在，美国的一些教育者认为，这些监控系统代表了新的侵入性技术，大规模地侵犯了学生的隐私，会破坏学生的独立性，担心这种保护可能会剥夺大学生在承担新职责和新考验时所享有的自由。但是，美国的主流观点认同高校有权利和义务对大学生的网络行为进行管理与约束，只是人们对管理的方式和程度存在分歧。

第三节　国外经验对我国大学生网络行为规范的借鉴意义

一、完善网络行为规范的法治建设

纵观发达国家的经验，在虚拟的网络世界中，法律仍然是维护网络秩序的有力工具。美国、英国、日本等发达国家都十分重视网络法律法规的制定。法治化建设是网络行为规范的重要基石。网络世界仅靠网民的道德自律是不够的，如果没有法律作为坚强的后盾，道德自律是苍白无力的。从有关部门公开报道的资料来看，我国网络犯罪数量呈上升态势。大学生群体成为利用网络侵犯个人隐私、实施情感和经济诈骗、实施网络暴力等犯罪的重点施害对象，甚至有个别大学生成为这些罪行的组织者和参与者。如何以法律保护和规范大学生的网络行为是必须解决的问题。近些年，我国相继出台了《中华人民共和国网络安全法》《互联网信息服务管理办法》《计算机信息网络国际联网安全保护管理办法》《中华人民共和国计算机信息系统安全保护条例》《计算机信息系统国际联网保密管理规定》等法律法规，对加强网络监督管理、规范大学生的网络行为起到了积极作用。但是，总体而言，我国大学生网络行为规范的法治建设还存在不足，落后于互联网发展的速度。2020 年，共青团中央等部门发布了《全国青少年网络文明公约》，其作为广大青少年的网络行为道德规范起到了"软约束"的作用。但是，除了大学生的网络行为道德规范，还需要法律规范的进一步完善。目前，我国对大学生网络行为规范引导的法律还不健全，教育主管部门和高校监督管理学生网络行为的实践操作缺乏法律支持。对于那些利用自媒体平台散布谣言、进行社交诈骗、实施网络暴力和恶意诋毁他人等网络行为，需要坚决依法治理。如果没有法律作为保障，一些不法分子就会有机可乘，危害大学生的成长。

西方国家在互联网立法方面走在了前面，其经验值得我们借鉴。但是，西方国家在对学生网络言论的规范方面强调言论的多元化，不仅保护主流意见，还保护少数的、非正统的意见。在大学生网络行为规范方面，其强调学校管辖的校园物理界限，而超出校园物理范围的法律一般不主张学校的权力。由于每个国家的国情和特色不同，我们不能照搬西方国家的经验，而是需要根据我国的国情和现实需要完善法治机制。首先，需要完善学生网络言论自由及其管制的法治机制，为培养风清气正的校园网络环境提供法律依据。如果法律对青年学生言论自由的界定不清晰，教育主管部门、高校、教师就难以准确把握和理解言论自由的边界。法律制定完善而明确的网络言论自由及管制规则，有助于明确大学生网络言行的法律红线，让其自觉规范自己的网络言论。其次，需要完善大学生网络行为的法治机制。应该明确网络行为的法律界限，明确哪些行为是违法的，让大学生清楚自己的网络行为的法律界限在哪里。法律还应该明确学校监督管理学生网络行为的法律权责，明确哪些是学校应该管、需要管的，哪些是学校不用管、不能管的。只有明确了高校的权责和管辖范围，其在对学生的网络行为进行监督管理时才有法可依。

二、加强网络社交平台的自律和监督功能

（一）加强网络社交平台的行业自律

在网络自媒体时代，任何网民都可以成为网络信息的发布者，这使网络社交媒体成为难以监管的网络平台。国家有关部门应该加强对网络社交平台的监管和引导，鼓励其加强行业自律。网络信息管理部门要严把网络社交平台准入关，坚决关停审核不严格的网络社交平台。为了加强对网络社交平台的监管，网络社交平台应提升行业自律意识，加强内容审核，建立实名注册和信息发布制度，构建良好的网络社交平台秩序。网络社交平台要主动了解新闻产生的背景，积极筛选新闻，监控网络言论，辨别网络言论的真伪，做负责任的网络平台提供商。网络社交平台要主动承担社会责任，不能为了追求流量而放松监管，更不能为了追求流量而鼓励不良信息和行为在平台上泛滥。网络社交平台是大学生网络活动的重要场域，应防止不良信息侵入和占领平台；同时，网络社交平台要积极弘扬正能量，引导大学生朝着良性方向发展。

（二）加强网络社交平台对网络行为的监督

网络社交平台中的匿名信息和虚假信息为网络失范行为提供了条件。网络社交平台疏于对网络行为的监督是普遍性问题，各国政府都要求网络社交平台加强对网络行为的监督。网络社交平台作为网络行为管理的第一责任人，需要对网络行为进行监督管理，绝不能以保障自由、保持中立为借口放松对自身的监管。首先，网络社交平台要做好用户个人信息的实名制监督审核，通过实名信息和 IP 了解用户的基本情况，不给不法分子钻空子的机会。主要面向大学生群体的网络社交平台更要做好网络信息实名制的审核。其次，网

络社交平台要监控网络行为，审核平台上的信息，及时过滤掉不良信息，并对不良信息的发布者予以处罚。再次，网络社交平台要主动做好网络舆论引导工作，加强主旋律宣传，更好地反映党和人民的声音，更好地反映国情民意。网络社交平台要积极培育"意见领袖"，发挥好"意见领袖"的引导作用，利用他们来引导网络舆论。最后，网络社交平台要配合教育部门，利用大数据技术及时掌握大学生群体的网络行为动态和舆论倾向，并及时反馈给有关部门，对大学生网络失范行为做好预警工作。

三、加强对大学生网络行为的追踪研究

网络生活已经成为青年人现实生活的一部分，网络行为是个人现实行为在互联网中的延伸，二者之间存在密切关系。网络行为反映了一个人的性格特点、价值观念和心理需要等。积极开展青年人网络行为研究，有利于理解和引导青年人，从而有利于保障社会稳定。西方发达国家有大量学者从多个角度对青年人的网络行为开展了丰富而深入的研究。相较于西方发达国家，我国对大学生网络行为的研究在研究内容、研究方法和研究深度方面均存在一定差距。在研究内容上，我国的研究主要集中于对青年人网络行为基本数据的统计分析，而对研究对象个体差异的研究分析较少。在研究方法上，我国的相关研究主要以定量研究为主，定性研究较少，存在研究样本量小和研究者在设计问卷时的选择性预设等问题，影响了研究结果的客观性和普遍性。在研究深度上，我国的研究大多属于简单描述、统计和经验总结，体现社会学、心理学、传播学、政治学等多学科理论支撑的研究较少，研究成果的科学性和现实借鉴作用不明显。

随着我国互联网形态的不断增加，大学生的网络行为不断出现新特点。我国的互联网研究机构和高校的专家学者应进一步加强对大学生网络行为的追踪研究。首先，应进一步拓宽大学生网络行为的研究领域，从不同视角研究大学生网络行为。其次，应根据研究

内容和研究对象的区别，采用更加科学的研究方法，在定量研究的基础上注重定性研究，借鉴各种科学理论，在分析大学生互联网行为特点的基础上，以科学理论为大学生网络行为引导提供理论性指导。再次，应充分重视多学科协同配合，在研究中充分借鉴各学科的理论及研究方法。最后，应加强网络平台与高校、研究机构的合作，充分利用网络平台的大数据为相关研究提供数据和技术支持。

四、开展大学生网络素养和道德教育

网络时代的来临对大学生提出了新的素质和道德要求。网络素养和伦理道德已经被世界各国的高校公认为互联网时代大学生应该具备的基本素质之一。西方发达国家的经验表明，对大学生进行网络素养和道德教育已经成为高校道德伦理教育的重要内容。美国从幼儿园到大学阶段都重视网络伦理教育，这启示我们要把学生的网络道德教育纳入学校德育体系中，像培养学生日常生活道德一样培养其网络道德素质。网络素养和道德教育是当前我国大学教育相对薄弱的环节。网络素养教育可以让大学生成为一个从容不迫的、熟练的网络使用者，网络道德教育可以引导大学生树立网络行为道德感和价值观。

我国高校应加强对大学生的网络素养和道德教育。首先，高校要加强相关课程的建设。目前，我国大多数高校还没有单独开设网络道德教育课程，高校的计算机课程主要是进行计算机和互联网的知识与技术教育，缺乏关于网络素养的教育内容。我国可以借鉴西方发达国家的做法，把网络伦理教育的内容融入各级信息技术类课程中，也可以探索单独开设网络素养和道德教育课程。其次，高校要不断拓宽教育渠道、丰富教育方法。作为网络素养和道德教育的主要阵地，高校应当充分重视对大学生网络伦理道德的培养，通过多学科全课程渗透的方式，达到对大学生网络道德教育的要求，特别是在信息技术课程中加强网络伦理规范教育，在思政课程中增加网络伦理道德教育内容。在教育方法上，除了增加相关课程对学生的显性教育，还应该探索有效的教育方法，采取引导、渗透的方式提高学生的道德判断能力。再次，高校要充分利用各种社会资源提高大学生的网络道德素质。网络平台应发挥作用，利用其资源以网络平台的用户指导性说明和短视频简介的方式，对大学生进行网络素养和道德教育。高校和有关部门要充分利用学校图书馆和社会图书馆丰富的信息资源对大学生进行相关培训与教育，实现大学生网络素养和道德的普及性教育，引导大学生理性地使用网络。最后，高校要重视专业化网络伦理教师队伍建设。西方发达国家重视专业化网络伦理教师队伍建设，这有效地保证了高校对大学生的网络素养和道德教育的效果。目前，我国已经在高校开展课程思政改革，要求所有课程教师都要强调育人教育。但是，我国高校的专业化网络素养和道德教师严重缺乏，无法满足教育要求。各高校应该通过培训的方式提升教师的网络素养和道德教育水平，为大学生网络素养和道德教育提供充足的师资力量。

第六章　新媒体时代大学生网络行为引导的目标、理念和原则

习近平总书记曾指出，"互联网是一个社会信息大平台，亿万网民在上面获得信息、交流信息，这会对他们的求知途径、思维方式、价值观念产生重要影响，特别是会对他们对国家、对社会、对工作、对人生的看法产生重要影响。"❶ 互联网的发展给我国青少年教育带来了巨大的挑战，我国高校的教育理念、教育模式、教育手段等需要进行改革创新，以适应互联网发展的要求。习近平总书记曾在全国高校思想政治工作会议上指出，要运用新媒体、新技术使工作活起来，推动思想政治工作传统优势同信息技术高度融合，增强时代感和吸引力。❷ 高校要推动新媒体时代思想政治工作改革创新，做好大学生网络行为的教育管理工作，首先必须明确大学生网络行为引导的目标、理念和原则等基本问题。

第一节　大学生网络行为引导的现状与问题

如何合理地引导大学生的网络行为，促使大学生传播正能量、维护互联网的良好秩序，是高校思想政治工作面临的挑战。我国高校在大学生网络行为引导方面一直在做各种努力并取得了长足的进

---

❶ 习近平. 在网络安全和信息化工作座谈会上的讲话［N］. 人民日报，2016 - 04 - 26（02）.

❷ 习近平. 把思想政治工作贯穿教育教学全过程 开创我国高等教育事业发展新局面［N］. 人民日报，2016 - 12 - 09（01）.

步，但在某些方面仍然存在一定的不足。

一、工作理念的更新落后于互联网的发展

我国高校大学生教育管理工作长期受传统教育体制和教育模式的影响，在大学生网络行为的引导方面，高校在传统理念的束缚下，往往采取强制的、单一的、灌输式的模式，导致引导工作与大学生的实际网络行为之间存在一定落差，使引导效果大打折扣。

（一）传统教育模式不适应大学生的网络行为特点

在传统教育模式下，教师是知识和道德的权威与示范，学生对教师的服从是天经地义的，教师可以居高临下地对学生进行教育。大学生在网络空间中可以接触各种言论和思想、了解各种技术手段，他们在互联网的使用方面会有天然的优越感。互联网时代的大学生在网络空间中追求的是一种平等的社会关系，虽然其在现实生活中尊重师长，但这并不意味着他们会完全听从师长的意见。他们并不认为教师比自己更懂得网络，尤其是当教师讲授的内容落后于互联网最新发展趋势时，他们会对教师的说教失去兴趣。目前，有些教师仍然不熟悉网络新媒体，不了解大学生的网络行为，其与大学生之间存在代沟。他们在对大学生的网络行为进行引导时仍然采取传统的道德说教模式，这种引导模式与互联网时代大学生的特点不匹配。因此，高校教师需要根据互联网的发展不断创新教育理念，以适应大学生网络行为特点。

（二）大学生网络行为的单一引导理念不适应大学生的个性化需求

现在，大多数高校在对大学生网络行为进行引导时，往往采取单一的引导理念，这种引导理念追求的是对大学生的共性教育，而其已经无法适应当今大学生的网络行为特点，无法适应大学生个性化发展的要求。在互联网的多元化信息传播背景下，大学生的网络行为呈现出多元化、个性化特点。其网络行为更加依从于自己的内

心，不愿意受到太多的约束和限制。大学生的网络行为与其个性化发展是高度一致的。个性化不等同于叛逆化、失序化，高校教育管理者不能把大学生的个性化网络行为理解为非理性的失范行为，应把二者区别开来。高校只有坚持多元化、个性化的引导理念，才能真正符合大学生的发展要求，正确引导大学生的网络行为。高校对大学生网络行为的引导不能过于追求整齐划一，否则会弱化大学生的个性化发展，也会引起大学生的反感情绪。对于大学生的非理性失范行为，高校教育管理者应该积极给予矫正引导，而对于大学生的正常个性化行为则要予以尊重和鼓励。

（三）灌输式引导理念不适应大学生网络行为的自主性特点

我国传统的思想政治教育多采用灌输模式，教育过程是一个单向灌输的过程，学生是被动地接受思想与知识的个体。这种教育模式建立在教育者与被教育者存在较大的思想和知识落差的基础上。在现实中，当教师的思想水平和知识储量远远超过学生时，可以采取这种灌输模式。而在网络世界中，有些教师对网络空间的了解、对网络行为的掌控不一定比大学生的水平高。因而，这种灌输模式并不能起到很好的引导作用。相比于现实行为，大学生的网络行为具有更强的自主性特点。他们对自己的网络技能非常自信，对互联网上的新鲜事物非常感兴趣，愿意独立地探索网络世界。互联网的开放性特点也让大学生有条件从网络世界获取自己需要的各种资源。因而，大学生更愿意独立地从互联网上搜索自己需要的信息资讯，独立地完成网络活动，而不是被动地接受教师的灌输。高校的思想政治教育工作者在思想理论的教育方面可以继续采用灌输模式，而在网络行为的教育引导方面则应该采用平等对话、循循善诱的方式，主动关心大学生的网络行为，理解他们的行为动机，并从大学生的实际需要出发，帮助他们处理互联网社交关系，提高其网络行为素质，以达到正向引导的效果。

二、校园网络平台建设相对滞后

大学生的网络行为既受到现实环境的影响，也受到网络环境的影响。高校普遍比较重视校园环境建设，但一些高校对校园网络平台建设的重视程度不够。在一些教育工作者眼里，大学生的网络行为一般发生在社会网络平台上，进而认为大学生的网络行为引导应该是这些社会网络平台的责任，与学校网络平台没有多大关联。这种想法是片面的，社会网络平台当然有规范和引导的责任，各互联网企业和平台应承担自己的社会责任。但是，高校在大学生网络行为引导方面有更大的责任。

校园网络平台在大学生网络行为引导方面具有天然的优势，其是大学生上网的重要场域，与大学生的生活和学习有着直接的联系。校园网络平台可以通过构建良好的网络环境、加强对网络行为的管理来引导大学生的网络行为。但是，我国一些高校的校园网络平台建设存在滞后。首先，一些高校对校园网络平台的定位不够明确。校园网络平台到底是做什么的？到底要承载什么样的功能？各高校对这些问题的理解和认识并不统一。有的高校把校园网络平台建设的重点放在宣传方面，将其作为舆论宣传的阵地，用于宣传学校；有的高校把校园网络平台建设的重点放在教学方面，打造线上教学平台，把学校、教师的各种教学资源统统搬到网上，鼓励教师拍摄并上传教学视频，评选优质课程，开展线上教学实践；有的高校则重视校园网络平台的服务互动功能，打造智慧校园，把校园管理、服务功能集中到网络平台上，实现了校园管理、服务的数字化、智能化。互联网平台发展的趋势是功能的整合和一站式服务。一些网络社交平台之所以受到大学生的追捧，原因就在于它们的功能齐全。因而，校园网络平台也应该按照这种模式，把自己打造成综合性平台，将宣传、教育、管理、服务等功能一体化，提高自身对大学生的黏合度。同时，校园网络平台应重视与大学生的互动功能，了解大学生的思想动态和实际问题，随时做好大学生网络行为的正向引导工作。其次，一些高校的校园网络平台内容、功能太过单一。这些高校由于各种原因对校园网络平台建设不重视，有的高校官方网站的内容不全，一些链接打开后没有任何内容。因为校园网络平台缺少吸引力，所以大学生对其关注很少。现实中，当一所高校出现网络舆情时，其往往是很被动的，主要原因就是这些高校不善于经营校园网络平台，对网络舆情的特点不了解。高校应该把校园网络平台作为重要的建设目标，不断更新其中的资源，定期对其进行维护管理。最后，各高校的网络平台彼此孤立。网络最大的优势就是其资源的开放与共享。我国各高校的网络平台都是独立运行的，彼此之间互不联系。每所高校的网络平台成为一个个网络孤岛，资源共享极为有限。不同高校的水平参差不齐，有的高校网络资源雄厚，其校园网络平台建设得非常好，能起到较好的引导作用；有的学校网络建设起步晚，其校园网络平台建设得比较仓促，无法起到应有的作用。高校应该建立校园网络平台的共享机制，实现资源的交流共享，把校园网络平台打造成与大学生息息相关、使其流连忘返的网络家园。这样，高校的校园网络平台就可以真正发挥对大学生网络行为的引导作用。

综上所述，网络行为是大学生行为的重要组成部分，高校对大学生网络行为的教育管理不能缺位。校园网络平台是对大学生网络行为进行教育管理的重要平台，高校应该把校园网络平台作为大学生网络行为的练习场和实践地，帮助大学生自觉养成良好的网络行为习惯。

三、教育引导内容不适应大学生的实际发展需要

随着互联网的迅速发展，大学生的网络行为特点呈现出加速变化的趋势。以往人们习惯于以十年划分年龄群体，如"70后""80后""90后"等。现在大大缩短了代际之间的年龄差，基本以五年划分年龄群体，如"90后""95后""00后""05后"等。"00后"大学生相比于"80后""90后"大学生有更强的网络意识，

其思想更加独立自主，生活更加无忧无虑。我国高校教育内容的更新往往跟不上学生群体的发展速度。现在的"00后"大学生已经表现出明显的独特群体行为特征，而一些高校的教育管理理念还建立在"90后"大学生，甚至"80后"大学生群体特征的基础上。一些高校思想政治教育工作者并不了解在互联网环境下成长的大学生的思想状况和行为特点，仍然采用传统的教育内容对大学生的网络行为进行引导，如重视对大学生网络行为的政治引导和价值引导，而忽视了对大学生网络行为的心理引导和美育引导等。对大学生进行政治引导和价值引导当然是应该的，也是非常重要的，有助于大学生树立正确的政治观和价值观。但是，大学生的心理引导和美育引导也很重要。这不仅是因为大学生要形成完整的人格，也因为大学生的很多网络行为失范与心理状况、审美情趣有着直接的关系。高校教师在对大学生网络行为进行引导时，要注意政治、法治、道德、价值、心理、美育等各方面的引导。高校教师应不断丰富教育引导的内容，使其更符合大学生的需要。

一些高校的大学生网络行为教育引导内容偏离了大学生的实际生活，缺乏现实生活的基础。思想困惑、学业和就业压力、人际交往等是大学生关心的个人实际问题，大学生的很多网络行为都与这些内容有着紧密的关系。大学生的一些网络失范行为也与这些问题具有一定关联，他们需要得到及时的辅导和帮助。大学生非常关心社会热点问题，并且愿意主动发表自己的意见。但是，一些高校思想政治教育工作者害怕承担责任，不敢主动与错误思潮进行斗争。一些思想政治理论教师在课堂上只讲授课本内容或引用一些陈旧的案例，不敢举现实中的例子，不对学生感兴趣的社会热点问题进行分析与引导。大学生容易受到互联网平台上一些不良思想言论的影响，导致其思想与行为产生偏差。一些高校思想政治教育工作者不主动帮助大学生分析问题，不引导大学生进行理性判断。一些辅导员对大学生网络行为的引导往往只强调大学生应该遵守的纪律和规则，而对大学生在网络上遇到的诸如就业、创业、人际交往等实际问题的关注不够，无法解决大学生面临的实际问题。

高校思想政治教育工作者对大学生网络行为引导的内容不能脱离大学生的生活实际。思想政治教育工作者要及时了解大学生的网络行为状态，了解大学生的实际需要，让教育内容走入时代、走近学生；应根据网络发展变化和大学生的实际需要不断丰富教育内容，关注网络热点话题和舆论走向，及时为大学生分析社会热点；关注大学生的心理状态，及时对大学生进行心理辅导；正确对待个人问题和困难挫折，引导大学生进行积极向上的网络行为。

四、教育引导队伍建设缓慢

高校的全体教师和管理人员对大学生网络行为的教育引导都负有责任，而高校思想政治理论课程教师和辅导员（班主任）队伍则是大学生网络行为教育引导的主要力量。长期以来，高校思想政治理论课程教师和辅导员队伍对大学生的思想政治教育和管理主要集中在大学生的现实行为上，对于大学生网络行为的了解和研究则是远远不够的。

高校政治理论课程教师和辅导员队伍对于大学生网络行为教育引导的主观动力仍不足。很多学校的思想政治理论课程教师、辅导员队伍的评价标准与其他教师相同，绩效考核和职称评定标准主要体现在教师的科研能力和教学水平上。这导致很多思想政治理论课程教师、辅导员把精力主要放在教学和科研，以及自身专业素质的提升上。而大学生网络行为的教育引导是一件很琐碎、很耗费时间和精力的事情，对于思想政治理论课程教师和辅导员来讲，投入产出比不高。其结果就是，一些思想政治理论课程教师仍然保持传统教学模式，一些辅导员则对大学生的网络行为不甚关心。

高校的大学生网络行为教育引导队伍的素质直接决定了教育引导效果。一些思想政治理论课程教师和辅导员受个人专业背景的限制，知识结构相对单一，对一些问题的理解不够透彻。现在的大学生早已熟练地掌握了互联网技术，其对网络新鲜事物和信息的接受度更高，对于互联网上一些现象的了解程度甚至超过了教师。就对互联网的了解而言，大学生与教师之间早已没有明显的差距。如果教师只是重复地照本宣科，就会使大学生失去兴趣。大学生更想听的是教师基于自身专业知识给出的独到见解、基于丰富阅历的人生感悟，这能够为困惑迷惘的大学生指点迷津。这就要求思想政治教育工作者必须时刻保持学习的状态，不断学习新知识，特别是对于自身比较薄弱的知识，注重知识的多元化、交叉性。首先，高校思想政治教育工作者应该提高自身的互联网素养，积极加入网络平台，了解互联网发展趋势，了解大学生网络行为的特征和趋势。其次，高校思想政治教育工作者应该基于互联网思维创新教育理念、方法和手段，这样才能显示出教育引导的魅力与魄力，否则就无法使大学生产生认同感。最后，高校需要不断充实大学生网络思想政治教育引导教师队伍，并加强其互联网技术培训。高校应根据时代发展和高校思想政治教育工作者的特点改革绩效考核机制和职称评定标准，鼓励教师充分利用网络平台获取丰富的知识，不断完善自己的知识结构，调动教师引导大学生网络行为的积极性。

第二节　新媒体时代大学生网络行为引导的目标

一、培育大学生的理性网络行为，促进大学生的全面发展

我国高校教育的根本任务是立德树人，促进大学生的全面发展。习近平总书记在北京大学建校 120 周年校庆日发表重要讲话时指出："我们的教育要培养德智体美劳全面发展的社会主义建设者和接班人。"❶ 新媒体时代的到来为大学生的全面发展提供了有利的条件。新媒体的出现，打破了大学生学习的时间和空间限制，降

---

❶ 习近平. 青年要自觉践行社会主义核心价值观：在北京大学师生座谈会上的讲话［N］. 人民日报，2014－05－05（2）.

低了大学生获取更多知识的门槛，为大学生的自主发展提供了更广阔的自由空间。但是，网络的过度娱乐、过度开放功能又给大学生的发展带来了很多不确定因素。网络的过度娱乐功能稀释了大学生的学习时间，弱化了大学生学习的积极性和主动性。网络的过度开放功能让大学生更容易接触各种非马克思主义思潮和非主流价值观，淡化了大学生的思想政治意识，使大学生更容易陷入过度网络消费的陷阱。为了满足自己的过度网络消费需求，一些大学生陷入网贷的旋涡，为了偿还网贷，个别大学生甚至走上了犯罪的道路。现在，大学生的非理性网络行为已经成为制约其全面发展的障碍，因而要引导大学生正确认识互联网，反思自己的非理性网络行为，以理性的态度看待网络舆论，理性地规范自己的网络行为，更好地利用互联网实现自己的全面发展。

（一）促进大学生德智体美劳全面发展

培养德智体美劳全面发展的大学生是高校教育的根本使命，高校应培养出德才兼备的社会主义事业建设者和接班人。目前，互联网在促进大学生全面发展方面并没有发挥其应有的作用。现在大学生的网络行为存在以下偏差：一是重视娱乐休闲活动，不重视个人发展，有些大学生沉迷于网络世界，不但荒废了学业，也削弱了生存技能、损害了个人健康；二是重视理论知识学习，不重视德体美劳的培养；三是重视网络虚拟行为，不重视社会现实活动，一些大学生在精神上陶醉于网络世界所带来的舒适享受，在现实社会中则选择逃避困难。

未来的社会主义事业需要德智体美劳全面发展的青年人继承和发展。大学不能只是传播知识的"象牙塔"，还应把大学生的教育培养融入社会大环境，而网络环境是社会大环境的重要一环。高校对大学生网络行为的引导要以实现其德智体美劳全面发展为目标。首先，高校要引导大学生网络行为朝着有利于自身发展的方向进行。大学生不能把时间过度地用在娱乐上，应该注意劳逸结合，更不能因沉迷于网络游戏而荒废学业。其次，高校应该注意引导大学生网络行为的多元发展，不能只把互联网当作学习的工具。大学生的主要任务是学习知识，但学习知识不是他们的唯一任务。高校要引导大学生参加德体美劳方面的网络活动，包括各种思想道德教育方面的网络活动，通过运动检测 APP、运动体验 APP 提高大学生的运动兴趣，教育大学生提高个人审美水平，引导大学生观看烹饪、盆栽、插花、收纳等技能短视频，提高其劳动技能。最后，高校应引导大学生妥善处理网络行为与现实行为之间的关系。网络行为与现实行为是密不可分的，大学生不能沉迷于网络行为而忽视现实行为，网络行为与现实行为应相互促进、共同发展。高校应该积极探索智慧教育模式，利用互联网平台实现对大学生综合素质的精准检测、精准促进，引导大学生参与积极向上的网络活动，实现德智体美劳全面发展。

（二）促进大学生的自主性发展

中共中央、国务院出台的《关于深化教育改革全面推进素质教育的决定》指出："全面推进素质教育，要坚持面向全体学生，为学生的全面发展创造相应的条件……尊重学生身心发展特点和教育规律，使学生生动活泼、积极主动地得到发展。"❶ 在互联网时代，人的自主性发展比其他任何时候都更便利。网络空间为人的自主性发展提供了良好的平台。大学生是网络行为的主体，其网络行为可以摆脱家长和教师的控制，具有非常高的自主性。大学生终将离开校园，离开师长的呵护。大学生要自主筛选网络信息，独立判断网络信息的真伪，更要提高个人能力和自主性。大学生正处于人生成长的关键阶段，其在网络空间中畅游需要掌握好乘风破浪的技能，否则容易迷失自我。

大学生只有实现自我的主动发展，才能适应网络世界的要求。

---

❶ 中共中央、国务院关于深化教育改革全面推进素质教育的决定［J］. 人民教育，1999（7）：4 - 7，12 - 13.

首先，高校教育应该尊重大学生的主体地位。学生既是教育的客体，也是教育的主体，高校应从大学生自身的发展需要出发改革教育模式，尊重大学生的发展规律，实现教师的主导性和学生主体地位的高度统一。其次，高校要培养大学生发展的自主性。大学生的网络行为是由自身的内在需求驱动的，但这种内发性会受到环境和他人的影响。最后，高校要培养大学生自主发展的能力。大学生要主动拟定发展目标，学会有计划、有目的地提升自我素质。大学生要培养自己的选择能力，学会结合自身的实际需要，搜集和筛选信息，理性地进行分析并做出最有利于自己发展的选择。大学生要提升自己的社会适应能力，这样才能在网络世界中获得更多的生存和发展空间。大学生的自主性越强，越能自如地应对各种网络环境，利用互联网实现自我发展。

（三）促进大学生的个性化发展

当代大学生在互联网中受到多元价值观的影响，他们的发展呈现出个性化特征。"人的全面发展意味着人的个性的丰富性和能力的多样性，它使人在复杂多变的生活中能够应对自如，显示出更强的主动性和创造力，因而就更为自由。人的全面而自由的发展不是个别的而是普遍的现象，其要实现的是每个人的全面而自由的发展。"● 要实现大学生的全面发展，就必须促进大学生的个性化发展。大学生的个性化发展不是绝对的独特性，其既包括与他人不同的独特性，也包括与他人一致的共同性。网络空间的发展除了能够满足大学生个性化发展的需要，还能为大学生的个性化发展打下基础。高校教育一般追求整齐划一的模式，而互联网则强调对大学生个性化的满足。因而，互联网更能满足大学生个性化发展的要求。大学生网络行为的个性化发展也不是孤立于现实社会发展的，网络行为是现实社会的直接反映。大学生网络行为的个性化发展要在自身特质和需要的基础上进行，不能偏离大学生的实际需要。高校要

● 肖峰. 论作为一种理论范式的信息主义 [J]. 中国社会科学, 2007 (2): 68-77.

为大学生的个性化发展创造条件。高校应该充分利用互联网的优势，改革教育模式，注重大学生的独特性，在对大学生进行必要社会性教育的同时，促进大学生的个性化发展。

二、增强大学生的网络道德意识，完善网络空间道德建设

网络空间的发展给我国的道德建设带来了巨大的挑战。虚拟化的网络空间失去了现实社会中的道德实践根基，人们通过电子符号进行交往，在匿名化、虚拟化的空间里没有维系道德秩序的生活基础，容易出现网络失德、网络犯罪等问题。互联网虚拟化的道德实践以及道德话语权使网络空间成为引发道德问题的薄弱地带，网络行为的道德冲突和失范现象严重，网络暴力、网络谣言、网络诈骗等行为导致了网络世界的混乱无序。网络空间不仅是由虚拟数字符号构成的，它也与现实社会有着紧密的联系，它是现实社会中具体的、真实的人参与的，是现实社会的映照。网络社会中的不道德、失范行为会反作用于现实社会。例如，谣言如果在网络上不断扩散，会导致民众对真相的错误判断，扰乱人们的认知，影响社会的稳定。网络言语攻击、网络暴力、人肉搜索等人身攻击行为，会造成个人信息的泄露、个人名誉的损害和个人人权受到侵犯。网络诈骗活动更会直接造成人们现实中金钱、情感的伤害。网络社会中的矛盾和不稳定性，延伸到现实社会必然会引起轩然大波。如果没有完善的网络道德制度规范，网络道德秩序将会陷入混乱。在这种背景下，网络空间的道德行为成为当前科技发展与人文冲突的典型问题。现实社会的道德规范需要网络社会的道德规范作为重要补充。网络道德是调节个体网络行为的道德准则，是人们为了规范网络行为、抑制虚拟网络空间中的无意识行为而形成的网络伦理道德规范。网络道德从本质上讲是现实社会道德在网络空间的反映，具有现实社会道德的基本特征。

大学生在网络世界中没有现实道德规范的约束，其道德自律水平会逐渐降低，从而出现一些不良网络行为，这些不良网络行为又

会影响大学生在现实生活中的行为。大学生是网络世界中较活跃的群体，网络行为道德规范不仅对其个人道德修养的形成具有重要意义，对构建良好的网络秩序也具有重要意义。如果大学生的网络行为道德失范情况越来越严重，会影响网络社会的秩序，从而影响人们对网络社会安全性的信任。如果互联网被塑造成大学生违法犯罪的"温床"，学校、家长会对互联网更加恐惧，会更大限度地约束大学生的网络行为，这将不利于网络空间的良性发展。正确引导大学生的网络行为对维护网络社会的秩序至关重要。

习近平总书记在与北京大学师生座谈时指出："德是首要、是方向，一个人只有明大德、守公德、严私德，其才方能用得其所。"● 习近平总书记概括了大学生应该具备的道德素养，"明大德"是指大学生要筑牢理想信念，对党和国家保持忠诚，将自身和国家的命运联系起来，为中华民族的伟大复兴贡献力量；"守公德"是指大学生要遵守社会道德规范，营造良好的社会道德氛围，构建社会主义和谐社会；"严私德"是指大学生要严于自律，严格约束自己的道德行为，培养良好的道德品质。大学生的网络行为是大学生道德建设的重点和难点。首先，高校在对大学生进行道德教育时，要重视对大学生的政治道德教育，培养大学生对祖国的情感，使大学生在互联网上遵守政治规则，坚定"四个自信"。其次，高校应该对大学生进行网络空间的社会公德教育，强调网络社会公德的重要性。网络空间不是道德社会的荒野之地，大学生应该在网络空间中遵守基本的道德规范和行为准则。最后，高校还应引导大学生塑造自律的网络道德人格。高校应该利用教育优势提升大学生的个人道德修养和精神境界。大学生作为网络空间的积极力量，不仅要自觉遵守网络道德规范，还要自觉地引领网络空间良性发展。例如，大学生可以利用自己的专业优势，通过网络平台为他人提供专

● 习近平. 青年要自觉践行社会主义核心价值观：在北京大学师生座谈会上的讲话［N］. 人民日报, 2014－05－05（2）.

业知识和技术帮助，传播正能量，弘扬主旋律，主动监督网络平台的各种失范行为，等等。高校要加强其对大学生的网络行为道德教育，增强大学生的网络行为道德意识，以起到完善我国网络空间道德建设的作用。

三、营造风清气正的网络空间，维护网络的和谐稳定

网络空间的虚拟性、匿名性和开放性特点可使舆论产生重大变化，改变了传统媒体单向度的传播模式，实现了信息的多元、双向、开放式传播，使网络空间成为意识形态的主战场。与传统媒体相比，网络新媒体已经成为社会舆论宣传的最大变量。西方国家凭借信息技术上的优势，制定了整个行业的规则，掌握着网络世界的话语权。西方发达国家利用互联网平台向其他国家进行意识形态渗透，西方的各种思潮充斥着互联网。网络空间已经与社会生活的各个领域密不可分，营造风清气正的网络空间不仅对互联网的发展，而且对整个社会的健康发展都非常重要。习近平总书记曾强调："我们要本着对社会负责、对人民负责的态度，依法加强网络空间治理，加强网络内容建设，做强网上正面宣传，培育积极健康、向上向善的网络文化，用社会主义核心价值观和人类优秀文明成果滋养人心、滋养社会，做到正能量充沛、主旋律高昂，为广大网民特别是青少年营造一个风清气正的网络空间。"❶

风清气正的网络空间对大学生的发展具有重要意义。但是，随着各类社交平台的迅速崛起，各种非主流的、低俗的信息，以及消极颓废的思想情绪更容易在网络中传播。有些思想观念迎合了大学生的心理状态，在大学生中迅速蔓延，如娱乐至上的价值观念，追求叛逆、非主流的思维模式等。由于大学生的社会阅历少、辨别力和自控力相对较弱，受各种思想观念的影响，其很容易做出不理性的偏激行为，导致网络空间的混乱。很多高校虽然通过学校官方网

---

❶ 习近平. 习近平谈治国理政：第二卷［M］. 北京：外文出版社，2017：337.

站、微信公众号、官方微博等渠道宣传正能量，加强网络阵地的意识形态宣传，但是对大学生的影响还是比较小的。尤其是在社会网络平台上，高校对大学生的引导教育更加薄弱。

高校是对大学生进行教育的主要场所，其不仅承担着传授知识、培养专业技能的任务，还要进行思想政治教育和意识形态建设。高校有责任引导大学生的网络行为，使其自觉遵守网络规范，为营造风清气正的网络空间、维护网络环境的和谐稳定做出应有的贡献。构建风清气正的网络空间离不开网络文化的培育、网络行为规范秩序的构建和网络内容的建设等。

首先，高校要加强对大学生的网络意识形态教育和宣传，筑牢网络意识形态阵地。学校党委是高校意识形态工作的第一责任人，网络空间作为意识形态工作的最大变量，必须引起学校党委的高度重视。学校各级党组织应毫不动摇地把网络意识形态宣传放在重要位置，主导学校官方网站、官方微博、微信公众号等校园网平台的舆论方向。学校各级党组织和党员干部要自觉地在各类社会网络平台上主动传播党的声音和主张，捍卫党的政策，引导大学生的舆论方向，自觉抵御各种错误思想在以大学生为主体的网络平台中的泛滥。

其次，高校在日常思政工作中要加强对大学生网络行为的引导。高校思想政治工作者应主动回应社会热点、敏感问题，真正发挥解惑释疑的作用。在网络舆论关键风口，高校思想政治工作者决不能缺位。高校需要认真履行网络行为监管的职责，加强学校网络信息监控，及时了解大学生的网络舆情动向。在工作方式上，思想政治工作者要关注学生、关心学生、关照学生，切实帮助大学生解决其在互联网活动中遇到的各种问题和困难。

再次，高校要联合其他有关部门构建综合治理格局。大学生网络行为引导的很多事项超出了高校的职权范围，只靠高校很难达到理想效果。党和政府的各级组织要加强对互联网平台的领导与管理，互联网企业要承担起社会责任。高校在对大学生开展网络道德教育的同时，应及时向互联网企业平台了解大学生的网络行为状态，及时向有关部门、企业反馈大学生的思想行为状况，以便形成更有效的引导机制。

最后，高校要构建网络意识形态教育宣传的全员机制。大学生的网络意识形态教育管理与所有教育者有关，党委负有领导责任，各级部门和教师都是网络意识形态教育管理的主体。所有教师都要懂得互联网知识，都要了解大学生的网络行为特征，都有责任引导大学生营造风清气正的网络环境。

第三节　新媒体时代大学生网络行为引导的理念

高校对大学生网络行为的教育与引导仅仅依靠教育手段、资源的丰富优化是不够的。理念引领发展，只有从理念上创新才能打破旧的教育模式。高校应构建大学生网络行为引导的新理念，加强对大学生网络行为的指导。

一、坚持以学生为主体的教育理念

在网络新媒体时代，大学生的独立性和自主意识日益凸显，其在网络环境里享受着最大限度的权利与自由。同时，大学生的主体性在复杂的网络环境中又面临着威胁，海量的网络信息增加了大学生辨析信息真伪的难度，各种社会思潮和价值观念影响着大学生的思想观念，网络舆论导向左右着大学生的判断，削弱了大学生独立判断的能力。大学生网络行为的自主性亟须个人能力的提升。这要求高校充分认识大学生网络行为的自主性和独立性特点，坚持以学生为主体的教育理念，尊重学生的主体性。2004 年，中共中央、国务院颁布的《关于进一步加强和改进大学生思想政治教育的意见》中指出，思想政治教育要"坚持以人为本，贴近实际、贴近生活、贴近学生，努力提高思想政治教育的针对性、时效性和吸引力、感染力。"❶ 以人为本对高校来讲就是以学生为本，也就是高校要以学生为中心，将满足学生的需求作为工作的目标和核心。就大学生网络行为来讲，就是高校要尊重大学生网络行为的主体地位，将满足大学生网络行为特点和需要作为引导大学生网络行为的目标与核心。

首先，高校要尊重大学生网络行为的主体地位。大学生渴望获得自主性，愿意独立地实践自己的行为，而互联网是大学生实践独立行为的最好平台。大学生希望平等地与家长、教师、社会进行交流，这是大学生自我价值的实现。大学生基本上都已是成年人，其网络行为是个人的独立自主行为，学校、家长都不应该过多干涉。高校要尊重每个大学生的主体地位，因为每个大学生都是教育的主体，都有独特的个性和特点。但是，大学生的个人认知能力和社会经验不足。授人以鱼不如授人以渔，高校应该引导大学生掌握正确的世界观和方法论，强化其对网络平台本质的认知。

其次，高校要尊重大学生网络行为的需求。大学生网络行为的动机建立在需要满足的基础上。网络空间作为人类现实社会的延伸，为人类活动提供了极大的便利。大学生的网络行为一部分是为了实现个人现实需要的满足，另一部分则是因为现实需要得不到满足而寻求网络上的精神慰藉。在对大学生的网络行为进行引导时，应该尊重每个大学生的个性和需要，以每个大学生的全面发展为目标，引导大学生实现个人价值。高校要引导大学生的网络行为，应该帮助大学生树立正确的义利观，使其将自身需要的满足建立在合法、合理、合规的基础上，通过正当手段保障个人利益。

最后，高校应该为实现大学生的现实需要创造更多的条件，帮助学生更好地实现学业、就业、创业、社交等方面的愿望。大学生群体呈现多元化趋势，高校应对每个学生进行精准把握，想学生之

❶ 教育部社会科学司. 普通高校思想政治理论课文献选编（1949—2008）［M］. 北京：中国人民大学出版社，2008：203.

所想，急学生之所急。当大学生在现实生活中过得充实而满足时，就不会过于依赖网络的精神慰藉。现代网络技术为教师精准地了解大学生的网络行为提供了技术支撑。教师可以通过网络大数据技术了解每个大学生的网络行为特点，对其网络行为进行精准画像，预测大学生的网络行为，了解大学生的需求和困难，并且有针对性地为大学生提供可能的帮助。

二、树立教育的互联网理念

2014 年，第一届世界互联网大会提出了"互联网 +"的概念，标志着"互联网 +"时代的到来。各行各业都离不开互联网，都要与互联网融合，高等教育也需要迎接这种变革。互联网对教育的影响是巨大的，它不仅给教育提供了一种新的载体和手段，还推动了教育理念和内容的创新。高校要树立教育的互联网理念，利用互联网的特质引导教育各个环节的不断创新，让整个教育体系适应互联网时代的要求。

首先，高校思想政治工作者要把握新媒体时代大学生网络行为的新特点，将学校思想政治教育传统与信息技术高度结合，利用互联网平台开展大学生思想政治教育。高校教师、辅导员要熟练地使用微信、QQ 等社交网络平台与大学生进行日常交流，经常关心学生、了解学生。高校要整合网上教育教学资源，加强学校官方网站建设，推动大学生的互动社区、主题教育板块和学术板块的建设。高校要善于运用"两微一端"的新媒体社交平台，围绕大学生普遍关注的社会、学校热点问题，主动设置议题，进行精准推送，引导大学生了解真实情况，理性地看待问题。以学校名义构建的新媒体社交平台作为各种信息的正规发布渠道，代表的是学校的立场，因此必须注意内容的权威性和吸引力，既要注意时效性，也要注意严肃性。高校也要善于利用社交短视频、在线直播平台宣传学校的特色、政策，并且鼓励、引导大学生制作贴近其生活的作品，支持大学生自主传播正能量。有条件的教师可以自己在社交短视频平台上开设账号，通过科学普及工作和时事评论，壮大网络空间的主流思想舆论，引导大学生的网络行为。

其次，高校要强化大学生网络行为的预警监测。在互联网时代，高校大学生教育管理的任务不仅包括教育规范大学生的现实行为，也包括引导规范大学生的网络行为。高校要加强校园网络的建设和监管，落实校园网络责任制度；建立健全大学生校园网络思想行为的舆情监测与分析研判机制，利用校园网络大数据、精准画像等先进信息技术手段，加强对大学生校园网络行为的跟踪分析，并及时发现和处置不良行为倾向。高校要引导网络社交平台的舆论导向，及时关注大学生的思想舆论倾向，一旦发现虚假信息、非理性煽动言论等在大学生群体中传播蔓延，应在第一时间进行教育引导，推动建设风清气正的网络舆论生态环境。高校也要加强对大学生在各类网络社交平台上活动的管理，密切关注大学生在网络社交平台上的行为动态，及时回应大学生所关注的难点问题，有效地疏导大学生的心理问题和不满情绪。

最后，坚持线上线下教育的有机统一。高校不能割裂线下与线上教育之间的关系，而是要把线上教育与线下教育工作统一起来。大学生网络行为的动机和目的都源自现实需要，解决大学生的现实问题，是引导其网络行为的基础。高校要把思想政治工作的着力点放在解决大学生的具体问题、及时了解大学生的思想状况和具体诉求上。高校思想政治理论课程教师应充分发挥大学生的主体作用，在平等沟通和互动交流中对其进行思想引导。辅导员应根据大学生的不同特点，有的放矢地开展工作，解决大学生的实际问题，防止大学生将其对现实的不满和非理性情绪带到网络中。高校各学生组织应开展丰富多彩的课外活动，以此构建精彩的校园文化生活，让大学生多参加现实的校园活动，避免其对于网络世界的沉迷。同时，高校的线上教育不能脱离学生实际，要在引导大学生网络行为的过程中真正地解决其实际问题，为大学生的生活和学习提供更大的便利。

三、坚持以制度规范大学生网络行为的理念

大学生的网络行为呈现出不同的形式和特征，各高校的管理水平也参差不齐，为了更好地引导规范大学生的网络行为，需要做到有章可循。高校对大学生网络行为的引导规范不能过度作为，更不能胡作为、乱作为。高校应加强大学生网络行为规范的制度建设，为大学生网络行为规范提供制度依据和长期稳定的保障。高校在制定相关制度时，一定要严格依据国家法律法规及有关部门的文件精神，保证制度的合法性，同时要紧密结合学校实际细化相关管理办法，健全网络违规的处置规定，保证制度的合理性和实效性。高校只有将制度设计得具体明确，才能为大学生网络行为规范提供可靠的制度依据和标尺。

制度的作用发挥到什么程度关键在于落实。高校要重视学校管理制度的贯彻落实，而不能把相关制度作为一种形式。为了落实学校管理制度，高校要增强各部门之间的有机协同，应在学校党委的统一领导下，做到各部门分工协作、相互配合。党委宣传部门要管理好校园网络建设，经营好"两微一端"社交平台，做好校园网络舆论宣传与引导工作，随时追踪和监控大学生的网络行为。高校网络管理中心要做好校园网络与信息安全技术平台的建设和维护工作，保证校园网络安全平稳运行。校内各单位则应按照"谁主管、谁负责"的原则，对部门网站进行日常管理和信息监控。为了提高网络突发事件的处理能力，高校应成立统一处理互联网舆情和突发事件的专责部门，承担大学生舆情分析和网络突发事件的应急职责，以打破网络行为管理的条块分割状态，实现大学生网络行为引导的统一。

高校的相关负责人员要主动了解网络、走进网络，不断提升自己参与互联网的能力。高校思想政治工作者作为大学生教育管理制度的主要贯彻落实者，要学习和熟悉国家相关法律法规以及学校的相关规章制度，了解判定大学生网络行为的具体尺度和底线，根据

时代要求发挥好对网络舆情的引导和对大学生网络行为的规范教育作用。高校思想政治理论课程教师要对大学生进行法律法规知识教育，让大学生了解国家的法律法规，强化网络行为的法律意识。辅导员要向大学生宣传讲解学校的相关网络行为管理规章制度，让大学生树立规则意识，严格按照国家法律法规和学校规章制度对大学生进行管理教育，落实大学生管理制度。相关研究人员要深入了解大学生网络行为现状，对大学生网络行为进行分析研究，掌握大学生网络行为的发展趋势和一般规律。高校要以此为依据，不断调整、完善相关制度建设。

四、坚持教师引导的主导性理念

现实中良好的师生关系是网络社交平台不容忽视的影响因素。教师对课堂之外的大学生依然具有较大的影响力。一个在现实课堂中亲切随和、观点独到的教师在互联网平台上也可以赢得学生的尊重和崇拜，吸引大量的学生"粉丝"。因而，教师要将线下与线上的角色有效融合，这既能拉近自己与学生的距离，又能起到教育引导的作用。教师可以把一些学生喜闻乐见的网络信息和案例拿到课堂上进行分析讲解，增加学生之间的交流互动，提高学生对课堂的关注度。教师也可以在大学生活动比较集中的网络社交平台上，就一些社会热点问题发表自己的观点和看法，对大学生进行理性引导。

首先，教师要坚持对大学生网络行为进行思想道德引导。网络行为的私密性对人们的道德自律提出了更高要求，大学生要增强网络道德的自觉意识。网络社会的健康发展离不开道德建设，网络道德建设需要每个人的共同努力，大学生要自觉调节和控制自己的网络行为，主动承担网络道德建设责任。只有不断规范自己的个人网络行为，才能上升到道德习惯和道德信念的自觉意识。教师要强化大学生的网络思想道德责任意识，引导大学生遵守网络道德规范。

其次，教师要坚持对大学生的正确学习观念进行引导。教师要引导大学生把互联网作为一种学习平台而不是玩乐的工具，尽可能地用较少的时间进行休闲娱乐，而把大部分的时间用于网络学习。网络学习不同于线下学习，网络学习是大学生的主动性学习，其对大学生的能力提出了更高的要求，即大学生要从庞杂的网络信息中筛选、分辨有用的知识。教师要帮助大学生培养正确的网络学习观念，教育和引导大学生有目的、主动地上网学习。

再次，教师要坚持对大学生的网络行为进行心理疏导。从大学生的心理角度来看，其上网的心理动机主要包括猎奇的心理、对现实的补偿心理、寻找乐子的心理、上瘾的心理等。有些心理是正常的，而有些心理则是需要辅导干预的。大学生上网的心理动机对其网络行为有很大的影响。教师对大学生进行积极的心理疏导是引导其网络行为的重要渠道。针对大学生的猎奇心理，教师可以对大学生进行科学知识的介绍，引导大学生对未知科学世界进行探索，而不是猎奇一些低俗的、无聊的内容，更不能猎奇一些非法的内容。针对大学生的现实补偿心理，教师可以为大学生创造更多现实体验的机会，帮助大学生正确看待现实世界与虚拟世界的关系。针对大学生在网络上寻找乐子的心理，教师可以引导大学生关注现实，设定目标充实自己的现实生活，把关注点放在现实社会。针对大学生的网瘾心理，高校的心理咨询教师要及时开展心理辅导来实现心理干预，帮助大学生戒掉网瘾。

最后，教师要坚持对大学生的网络行为进行审美引导。互联网平台为了吸引网民，利用技术手段制作精美的页面，将视觉、听觉感受极大化，冲击人们的感官，让网民沉醉于缤纷多彩的网络世界。其中难免会有一些低俗、媚俗、色情的内容，这些内容会对大学生产生不良影响。审美能力深刻地影响着人们的精神状态。大学生在上网时主动发现网络中美的东西，传播美的力量，能够自然升华大学生的情感，激发大学生美的兴趣和向往，引导大学生的网络行为朝着美好的方向发展。教师应该引导大学生提升审美情趣，提高其审美鉴赏力。

第四节　新媒体时代大学生网络行为引导的原则

网络环境纷繁复杂，各种思想和理念给高校大学生网络行为教育管理带来了较大压力。为了更准确地把握大学生网络行为教育管理的改革方向，高校在坚持大学生网络行为引导目标与理念的基础上，需要遵循新媒体时代大学生网络行为教育管理模式改革的特定原则。

一、坚持教育管理的继承性与创新性相结合的原则

每一届大学生随着时代的发展会呈现出不同的特点，大学生的教育管理也在继承中发展，并在发展中不断创新。大学生的网络行为作为互联网发展的产物，是一种新的行为方式，对大学生的个性发展具有深刻影响。尽管互联网强烈冲击着高校的教育管理模式，但是高校传统思想政治教育有着顽强的生命力。在大学生网络行为教育管理改革中，高校应坚持继承传统与实现创新相结合的原则。

（一）继承优良的思想政治教育传统是大学生网络行为教育管理改革的基础

我国有着丰富的思想政治教育经验和深厚的思想政治教育理论。我国高校的思想政治教育工作方法是在长期的教育实践中总结而成的，是我国对于思想政治教育一般规律、青少年成长规律的全面认识。高校思想政治教育工作方法为我国大学生网络行为教育管理模式的改革创新提供了扎实的方法论基础。当代大学生的网络行为是其现实行为的延伸，同样符合思想政治教育的一般规律和青少年成长规律。因而，有针对性地进行大学生网络行为教育管理的改革创新，不能脱离思想政治教育的发展规律。任何时期的思想政治教育创新都是建立在以往思想政治教育的成功经验和传统基础上的，高校应该总结我国思想政治教育的优良传统和方法论，并将其

应用到分析和引导大学生网络行为上。

（二）创新是当前时代发展的需要

高校的思想政治教育内容和方式随着时代的发展而发展。当前，我国大学生网络行为出现了很多新情况、新问题，仅依靠传统的教育模式远远不能满足现实需要。高校的大学生网络行为教育管理模式应根据时代发展进行创新，应着眼于现实情况，直接服务于大学生的发展需要，利用新媒体的特性优化和拓展大学生思想政治教育路径。思想政治理论课程教师应创新教育方法，充分利用互联网增强学生的学习兴趣和积极性。辅导员应创新思想政治教育与学生管理方法，融合互联网技术、心理学知识，以大学生的个性化发展为基础，有目的、有方向地对大学生网络行为进行教育管理。

继承传统与创新发展具有不可或缺的作用。高校思想政治工作者应在总结继承优良传统经验和文化的基础上，结合大学生网络行为的特点，不断创新思想政治教育方式方法。总而言之，高校要坚持继承传统与创新发展相结合的原则，实现对大学生网络行为的教育管理。

二、坚持学生的主体地位与教师的主导作用相统一的原则

大学生网络行为教育管理是一种双向互动的过程，打破了大学教育单向灌输的模式。高校在进行大学生网络行为教育管理改革时，应坚持学生主体地位与教师主导作用的有机统一，将二者结合起来。高校教师在大学生网络行为教育管理过程中既要充分了解大学生的网络行为现状，尊重大学生的网络行为自主性，又要把握教育的主动权，确定教育的方向与目的，引导大学生网络行为的正确方向。

（一）坚持大学生在网络行为教育管理中的主体地位

网络新媒体环境使大学生的独立意识、自我意识进一步增强，大学生不仅是网络信息的接收者，也是网络信息的传播者。因而，

高校对大学生网络行为的教育管理应以学生为主，尊重其在网络行为中的自主性。教师的强制力和压迫力对大学生的网络行为不但没有效果，甚至会起到反作用。

大学生的网络行为是其自主、自由行为，不是被动发生的行为。大学生网络行为的主体地位体现在其能够独立决定自己的行为。大学生的成长过程就是其社会化过程，大学生的主体地位不能缺失。高校教师不能借教育管理的名义干涉大学生的网络行为、侵犯大学生的隐私。教师要站在大学生的立场，从大学生的需要和特点出发引导其网络行为，尊重大学生的成长规律，而不能违背大学生的主观意愿，损害大学生的根本利益。高校为了保证大学生的全面发展，需要启发和调动大学生的主体性。大学生要通过学习了解网络空间秩序规范，自觉地对自己的网络行为进行价值判断，从而不断提高自己的主体地位。

（二）教师应发挥大学生网络行为教育管理的主导作用

我国高等教育本身就体现了我国社会发展和人的发展的目标指向性。教师在教育过程中需要坚持自身的主导作用，这是教育社会属性的根本要求。首先，教师在大学生网络行为教育管理过程中的主导作用主要体现在对大学生网络行为的社会要求方面，即要让大学生遵守社会规范，符合社会要求。新媒体的开放性、复杂性、匿名性等特点为大学生网络行为挑战社会权威创造了条件，这也使高校教师的主导作用更加重要。其次，教师在大学生网络行为教育管理中的主导作用体现在对社会主义意识形态的捍卫方面。教师要坚持马克思主义理论的指导地位，提高大学生的思想政治觉悟，使其自觉遵守网络政治规则。再次，教师对大学生网络行为教育管理的主导作用体现在对社会主义核心价值观的捍卫方面。教师要坚持弘扬社会主义核心价值观，进一步加强大学生的社会主义核心价值观教育，引导大学生自觉树立网络行为的道德价值观。最后，教师对大学生网络行为教育管理的主导作用要贯穿于大学生网络行为的全过程，不能只体现在某一次教育活动中，要成为大学生网络行为教育管理的常态。

三、坚持网络平台主动传播与引导选择相结合的原则

（一）教师要坚持在网络平台上主动传播正确的价值观

网络空间给大学生的价值观教育带来了挑战，互联网上充斥的各种不同的价值观念、良莠不齐的信息冲击着大学生的价值观。很多大学生喜欢在互联网平台上主动发声，他们通过在互联网平台上跟帖、分享和转载自己感兴趣的内容来表达自己对各种社会热点问题的态度，发泄自己的不良情绪。大学生在互联网上的思想行为是其价值观的体现。一些大学生的网络暴力、网络犯罪、网络失德等问题的发生与其价值观有着密切关联，大学生的网络价值观影响着其实施网络行为时的态度与选择。在各种价值观同时存在的互联网环境中，大学生很难自主地形成正确的价值观，他们需要一个良好的网络舆论环境养成正确的价值观，需要一个渠道培育与灌输正确的价值观。要正确引导大学生的网络行为、矫正其网络失范行为，需要对大学生进行必要的价值观教育，培养其形成正确的网络价值观。高校应该根据大学生的需求及网络新媒体的传播规律、特点，积极主动地在网络平台上传播符合社会主义核心价值观的正能量。首先，高校要建立一批具有影响力的新媒体平台和账号，主动用社会主义核心价值观引导大学生社群的网络舆论。其次，高校教师要坚持用马克思主义基本立场、观点、方法解读当下的社会热点问题，为大学生消除思想困惑，引导其正确判断网络行为。最后，高校应该改革教师的评价体系，鼓励高校教师在网络平台上主动传播社会主义核心价值观，加强教师与大学生之间互动的积极性，让教师能最大限度地利用互联网对大学生进行网络价值观教育。

（二）教师要坚持在互联网平台上对大学生的网络行为进行引导

教师不能左右大学生的网络行为，大学生的网络行为是其出于个人需要进行的自主性行为。但是，互联网空间中的信息良莠不齐、真假难辨，而大学生的心智尚未完全成熟，对各种网络行为和网络信息的判断存在不足之处。教师应帮助大学生提高自己的辨别能力，引导大学生学会如何选择。教师应通过互联网平台了解大学生的行为变化，根据大学生网络行为的规律，对其网络行为进行正面积极引导，启发大学生的自觉性，引导大学生做出正确的选择。大学生群体一般集中在某些网络平台上活动，高校需要利用好网络平台，在网络平台开通账号，经常与大学生进行互动。由于互联网平台的更新速度快，大学生会不断以新的网络平台取代旧的网络平台。高校教师需要紧跟互联网平台发展态势，及时开通新的平台账号，针对大学生的网络行为特点进行科学分析，设置网络行为引导的具体内容和形式。高校教师尤其要利用微信、微博、短视频等社交平台与大学生进行积极广泛的互动，随时了解大学生的网络行为，让大学生明白网络行为的底线在哪里，引导大学生正确地选择自己的网络行为。

高校教师应该把网络空间的主动价值观宣传与对大学生网络行为的引导高度统一起来，这样既可以帮助大学生树立良好的网络价值观，形成良好的网络价值观氛围，也可以帮助大学生认清网络行为的底线，对自己的网络行为进行正确的判断和选择。

四、坚持教育手段虚拟性与现实性相结合的原则

虚拟性是网络新媒体的重要特性之一。网络空间中的文字、图像、影像、音频等都是以数字符号的形式存在的，但网络新媒体并不是完全脱离现实世界的虚拟空间，而是对现实世界的数字化表达，是对现实世界的真实描述。也就是说，网络空间既具有虚拟性

又具有现实性。大学生的网络行为具有虚拟性和现实性的双重属性，这决定了高校的教育管理工作既要考虑网络新媒体的空间特点，也要考虑大学生的成长规律和现实需要。高校要了解网络新媒体的特性，利用互联网手段教育管理大学生的网络行为。同时，高校更应该把教育管理重点放在现实层面，因为大学生网络行为的突发事件、热点问题都与其现实生活密切相关。

高校应该坚持线上教育与线下教育方式相统一。互联网为人们创造了一个全新的虚拟空间，也为高校教育者提供了一种虚拟线上教育方式。虚拟线上教育是教育主体与客体之间不发生面对面的交流，而是利用互联网平台进行教育引导的活动。虚拟线上教育方式适应新媒体要求，突破了时间、空间上的限制，已经成为高校对大学生进行教育引导的重要渠道。虚拟线上教育方式要求高校打破传统的教育模式，充分发挥互联网的作用。虽然各高校不断改革教育方式，不断丰富虚拟线上教育方式，以解决传统教育方式难以解决的问题，线上教育方式大有取代线下教育方式的势头。但是，现在的互联网技术还远没有达到人们所期待的先进程度。线上教育暂时无法替代线下教育面对面的情感交流模式。课堂教学仍然是学校教育的主渠道和主阵地。传统教育方式的优点是互动直接，教师通过面对面的授课形式引导大学生形成正确的世界观、人生观、价值观；其缺点是易受时间、空间等多方面的限制，教学手段单一。大学生网络行为的教育管理是一项系统性、长期性的工程，无法全部放在虚拟空间内完成，只有实现线上教育与线下教育的深度融合，才能提升教育效果。

育人环境对大学生的教育起着潜移默化的作用。现实育人环境和虚拟育人环境各自扮演着重要的角色。一个健康和谐、积极向上的校园环境对大学生的健康成长具有重要影响。高校不能只是大学生上课学习的地方，而应该成为实现大学生全面发展的地方，只有这样，才能更好地发挥高校的育人作用。高校需要改善校园环境、宿舍文化，为大学生创造良好的育人环境。高校需要引进更先进的教育教学设备、更便利的校园生活设施，创造更优美的校园环境，为尽可能满足大学生的现实学习和生活需要提供扎实的物质基础。高校也需要开展各种校园文化活动，举办各类学术讲座，以提高校园对于大学生知识文化需求的吸引力。同时，高校还需要改善校园网络空间，打造校园线上育人环境，通过官方网站和网络社交平台积极宣传正能量，让线上育人环境与线下育人环境共同发挥作用。

五、坚持教育路径显性教育与隐性教育相统一的原则

在我国的大学生教育管理模式中，显性教育长期处于主导地位，学校通过显性的课堂知识教育达到教书育人的目的。这种教育模式主要通过课堂进行知识的讲授灌输，教育内容明确、教育过程清晰、教育载体有形。这种教育模式的优势是讲求教育内容的体系性和逻辑性，有利于学生掌握学习的目的和知识点；其劣势是形式较为单一，内容偏于抽象理性，接受起来有一定难度。当前，隐性教育模式越来越受到人们的重视。隐性教育是一种无形的教育模式，它是依靠教师的个人品行魅力、学校的校风学风及各种活动等课堂教学以外的方式，对大学生实施潜移默化的影响。与显性教育相比，隐性教育的内容一般不明确，没有确定的教育目的和方法。其优势在于依靠"润物细无声"的浸润和熏陶去影响受教育者，更易于被大学生的接受和认同。

高校对大学生网络行为的教育管理需要坚持显性教育与隐性教育相统一的原则。显性教育具有教育的系统性、直接性、准确性等特点。显性教育在对大学生网络行为进行引导时，有利于将网络道德规划和价值标准系统、准确地传递给大学生，明确地告诉大学生网络世界的是非界限。隐性教育具有隐蔽性、间接性、无意识性等特点，可以在潜移默化中对大学生的网络行为进行积极的引导。大学生具有较强的自主意识，不愿意接受强制性说教，同时他们又处于身心成熟的过程中，极易受到暗示性信息的影响。隐性教育在对大学生网络行为进行引导时，更容易减轻大学生内心的抵触感，有

利于实现网络行为引导的目标。只有把显性教育与隐性教育统一起来，充分发挥二者的优势，才能对大学生进行更为全面深入的教育。

大学生网络行为教育的显性模式主要是课堂理论讲授，高校应该针对大学生的网络行为开展线下的相关课程，向大学生传授知识和技能，也可以利用互联网平台开设线上开放课程，开阔大学生的视野。通过对大学生进行显性教育，可以不断丰富大学生的网络新媒体知识和网络行为的理论知识，构建大学生内心的网络行为理论体系，为大学生实施正确的网络行为奠定扎实的思想基础。高校在注重网络知识与网络技能等显性教育的同时，还要对大学生进行网络价值观的隐性教育。网络行为隐性教育的目的主要是为大学生创造一个规范的网络环境。隐性教育模式比较丰富多样，包括网络平台的舆论导向、教师在网络自媒体平台中的评论发言、教师与大学生的网络互动等。隐性教育向大学生传播正确的网络行为价值观与行为规范，可以促进大学生在网络空间中养成理性的网络行为习惯，让大学生学会筛选、过滤不良网络信息，降低不良网络行为发生的概率。

综上所述，大学生的网络行为随着互联网的发展越来越普遍，高校对大学生网络行为的教育管理是一项具有深远意义的系统性教育工程。高校既要持续开展理论层面的大学生网络知识和技能的显性教育，也要不断探索创新实践层面的大学生网络行为选择、规范的隐性教育，教会大学生在纷繁复杂的网络空间中做出正确的判断与选择，让大学生成为网络的主人，而不是网络的附庸。

第七章　高校大学生网络行为
教育管理机制

高校对大学生网络行为的引导工作主要集中在学校对大学生的制度管理和环境氛围隐性教育引导、思想政治理论课程教师的思想教育引导、辅导员的日常管理教育引导三个方面。为了把立德树人的根本任务落到实处、细处，高校应该把大学生网络行为教育管理制度化、常态化。高校的学生管理和网络管理部门、思想政治理论课程教师和辅导员队伍在大学生网络行为教育管理方面扮演着关键角色。高校需要从学校职能部门、思想政治理论课程教师、辅导员队伍三个层面加强大学生网络行为教育管理的机制建设。

第一节　高校对大学生网络行为
教育管理的机制建设

大学生普遍活跃于网络社交平台，他们不仅是信息的接收者，也是信息的发布者，他们会针对自己关注的话题主动表达情感，其思维和价值观会随着舆论的发展而随时变化。互联网自媒体传递信息的高效便捷和媒介形式的多样化，使互联网信息传播和舆情演变速度不断加快。互联网的舆情瞬息万变，很多舆情的爆发都是突发性的，大学生的反应也都是即时的。这导致高校思想政治教育工作者很难及时把握网络舆情的演变，精准分析大学生网络行为。因此，高校应该加强大学生网络行为的教育管理机制建设，使高校教育工作者能够随时追踪大学生的网络行为动态，将大学生网络行为的教育管理工作常态化。

一、筑牢网络阵地

网络信息监管的薄弱，很容易让不良思想文化在互联网平台上泛滥，使大学生受各种不健康思想的影响，增加了高校思想政治工作的难度。很多思想政治教育者年龄较大，对自媒体平台的接受程度和应用水平往往落后于大学生，无法通过互联网平台及时地了解大学生的最新思想动态，与大学生所关注的一些焦点话题也往往存在脱节。如果高校思想政治工作者不能及时了解网络舆情，就很难准确判断大学生网络信息反馈的真实性和有效性，这在一定程度上增加了对大学生思想政治舆情的分析评估与预判的难度，最终会影响高校思想政治教育的实效性。因此，思想政治教育工作者要根据大学生的思想动态，及时了解大学生的思想困惑，为大学生排忧解难。

（一）加强高校自媒体平台建设

各种自媒体是"00后"大学生进行网络活动的主要工具，其已经融入大学生的学习与生活中。高校应与时俱进，利用大学生所喜好的自媒体平台，如微信、QQ、微博、短视频平台等，将社会主义核心价值观等主流意识形态教育贯穿其中，筑牢网络思想政治教育阵地。高校应积极构建学校的"两微一端"平台，整合学校微博、微信、抖音、快手等新媒体资源，合理布局学校自媒体，实现资源共享、信息互通、同频共振、优势互补，将自媒体平台与学校官方网站协同运行，形成点面结合的网络育人平台，为大学生提供交友、交流、学习、娱乐的网络平台。这种方式既有利于为思想政治教育工作者赢得网络舆论引导的主动权，也有利于其对网络舆论发展进行预防和控制。

高校要打造具有吸引力、亲和力的自媒体平台，需要重点加强以下几个方面的建设。

第一，设立学校专属微博，为"00后"大学生及其家长创造一个与学校及时沟通的良好交流平台。因为微博具有平等性和互动性的特点，学校专属微博可以强化高校与学生之间的沟通交流，引导学生主动表达自己的想法和意愿，帮助学校及时地了解学生和家长的动态。高校可以利用微博平台或其他渠道有针对性地回答学生和家长的疑问，解决学生的各种问题。

第二，完善学校微信公众号平台。微信是学生与外界沟通、了解外面世界的重要平台。高校要丰富微信公众号的内容，注重推送当前学生关心的社会热点或国内外重大事件，及时对网络热点事件进行解读和引导，避免各种负面消息对大学生的思想产生冲击，从而引导大学生逐步形成正确的世界观、人生观和价值观。微信公众号也应为学生提供各类生活信息，构筑贴近学生需求的传播平台。例如，新冠疫情防控期间，一些高校的微信公众号推送关于新冠病毒防控的知识和疫情防控的典型案例，贴近生活、贴近学生实际，能够有效引导学生对于疫情防控政策产生正确的认识。

第三，高校要重视自媒体的内容建设，及时发布优秀网络作品，开展良好网络文化建设活动。高校有关部门应在自媒体平台上及时发布契合大学生实际诉求和心理特点的优秀作品，以大学生的需求为导向，以大学生乐于接受的话语体系实现"润物细无声"式的教育效果。同时，高校要积极鼓励大学生参与优秀作品的创作，并及时推送到自媒体平台上，让大学生在创作和欣赏同学作品的过程中受启发、受教育，从而传播正能量。

第四，高校要通过自媒体平台掌握大学生的思想动态。预判大学生的思想动态是高校做好思想政治工作的重要前提。在互联网时代，人们的思想、行为更加具有不可预测的因素，网络上的某个突发事件可能会导致网络舆论的泛起。为了随时了解大学生的思想状况，高校可以通过自媒体后台和大数据分析，掌握大学生的上网数据，预测大学生的网络舆论、网络行为的发展方向。同时，高校要积极建立舆情走向的数据库和案例库，做好舆情预警、舆情总结，积极推动网络舆情监管。

第五，高校要培育自媒体的"意见领袖"，发挥关键少数人的引领示范作用。高校要积极打造一支由思想政治理论课程教师、教师党员、辅导员、各学科专家、优秀学生代表等组成的"意见领袖"团队，鼓励并支持"意见领袖"在自媒体平台上主动发声，尤其是在一些热点事件和舆论的关键时刻，要在自媒体上形成一股正能量，引导大学生正确地看待各种热点问题。为了保证"意见领袖"的各种素质，高校应建立科学合理的评价机制和个性化的培训机制。

（二）加强网络育人平台建设

网络社区平台作为大学生活动的主要场域，对大学生的生活和学习有着很大的影响。高校要充分认识"00后"大学生的共性特征，运用互联网理念和思维打造网络育人平台，指导大学生用好校内外网络资源。

首先，高校应该积极鼓励师生加入现有的官方网络育人平台。现在，国家已经开发了高校通用型的专门育人服务平台，如慕课、易班、今日校园等。早在2013年，教育部就指出，要把易班建设成集思想教育、教务教学、生活服务、文化娱乐为一体的大学生网络互动示范社区。易班是一个以学校为单位、以服务学生为主要任务，贴合学生需求的新兴网络育人平台，它是互联网多元化发展的一个新方向。易班作为全国大学生聚集的平台，以各高校的师生为使用对象，网络主体单一。与其他互联网平台相比，易班平台由学校监管，可以有效地阻止各类无用的、负面的信息及广告，从而可以有效地保证大学生接触信息的准确性和正面性。现在，易班不仅为大学生提供了互动交流的网络空间，还把全国高校的教育教学、校园文化资源整合在一起，成为一个资源共享的全方位、多层次的网络服务平台。

其次，高校要积极地与社会互联网社区平台合作，加强对大学生网络行为的引导。大学生大多数时间还是在社会互联网社区平台上活动，例如，B 站是大学生非常活跃的社区平台。高校应该积极与 B 站合作，实时掌握、同步了解大学生日常学习、交往、生活等方面的行为轨迹，在掌握相关数据的基础上，对大学生进行有针对性、个性化的心理疏导和思想教育，形成一套强有力的网络舆情预警机制。高校应鼓励大学校的"意见领袖"在 B 站设立账号，在网络舆情危机中担任舆论的支持者和权威信息的二次传播者。有条件的高校可以利用 B 站的交互性传播特点，结合自身特色，建立优质教育品牌，利用 B 站的传播效应，上传精品视频，取得网络育人的效果。

最后，高校要自建网络育人平台。大学生网络育人平台是开展大学生网络思想政治教育、为大学生提供各种网络服务的重要阵地。网络育人平台在了解大学生网络动态、方便与大学生沟通交流，以及引导大学生网络行为方面具有重要的现实作用。一些高校建设了较有影响力的育人和思想政治教育类网站。例如，2001 年北京大学开设红旗在线网站，逐渐形成了自己独特的定位，即支持学生党建、推进思政教育、弘扬人文精神和引导校园文化。清华大学的"红色网站"面向广大学生进行思想政治理论教育，其办站宗旨是"宗马列之说，承毛邓之学，怀寰宇之心，砺报国之志"。南开大学成立的觉悟网传承了周恩来总理所创觉悟社的革命精神和优良传统，建立起马克思主义的网上阵地，成为全国高校思想政治教育网络工作的重要品牌。中北大学将红色太行网站作为其重点建设的思想政治主题网站，该网站被教育部评为第四届全国高校百佳网站❶。这些网络思想政治教育网站受到了大学生的欢迎，对大学生的思想引领产生了一定的影响。但是，除了这些少数比较受欢迎的育人网站之外，大多数高校在自建育人平台方面比较薄弱。高校网

---

❶ 教育部. 第四届全国高校百佳网站颁奖典礼在武汉举行 [EB/OL]. (2011 – 03 – 30) [2022 – 08 – 06]. http：//www. moe. gov. cn/jyb_ xwfb/gzdt_ gzdt/s5987/201103/t20110330_ 128425. html.

络育人平台的构建水平参差不齐，育人体系不完善，师资队伍不足，内容特色不鲜明。网络育人平台的核心优势是拥有丰富、优质的内容，通过提供丰富的内容和便利的服务，不断吸引大学生的参与。高校应该重视网络育人平台的建设，整合学校资源，根据学校的特点，在学校网站的基础上，通过开辟校内综合服务、校内学习资源、就业信息及指导等板块，逐渐构建综合性的网络育人平台。

（三）加强高校信息化建设

近年来，随着大数据、云计算、人工智能、移动互联等新兴技术的广泛应用，各高校在信息化建设方面频频动作，一批信息化项目纷纷启动，智慧校园、智慧教室等基础设施建设成效显著，我国高校信息化发展进入智慧校园阶段。但是，我国一些高校的信息化建设仍然存在一定问题，满足不了信息化时代的要求。由于经费有限，一些高校的基础建设仍有待进一步完善，其信息有效共享水平有待提高。一些高校内部存在互联网设备更新不及时，各平台、系统之间的协同性、关联性不强，无法满足师生上网需求的问题。一些高校的学生公寓网络全部由运营商提供，学生使用公网，其上网行为难以掌握，这给信息安全带来了一定隐患。

首先，高校要加强校园互联网的互联互通建设。由于互联网的开放性，信息的管理与网络舆情的监控成为网络管理工作的重点与难点。高校应在互联网硬件建设方面实现校园各类数据源互联互通、数据充分共享，解决信息孤岛问题；应建设校园物联网，实现校园管理、服务、教学、科研等全域大数据汇聚、交叉、融合。学校网络建设与管理涉及多部门，资源整合与信息共享的工作需要进一步完善。同时，高校要积极开展与政府、企业、研究机构的合作，创新共建模式，实现共建、共享、共赢。

其次，高校要加强信息化建设与思政工作的高度融合。高校在进行信息化建设时，应考虑信息化建设与思政工作的关联度，在资源共享、信息联动、数据分析等方面为思政工作提供技术支持，实现信息技术辅助下的精准思政工作。学校的网络监管中心应关注校园公众号、抖音、头条等官方平台，第一时间监控不良舆论并进行积极引导。同时，高校的网络监管中心要与地方政府、辖区派出所保持联动，共同进行大学生网络舆情监管，积极应对网络舆情事件。

最后，高校要通过网络话语体系的构建丰富校园文化，引导大学生树立正确的价值观。高校应经营好网上理论学习阵地，加强网上党校、网上团校、网上理论学习中心建设，营造网上理论学习的良好环境。同时，有条件的高校可以推进网络新媒体建设，扩大校园网络文化的育人覆盖面，提高校园网络文化产品和服务在网络空间的占有率，使校园网络平台成为弘扬主旋律的阵地。

二、创新思想政治教育路径

"00后"大学生的世界观、人生观和价值观正处于关键的形成阶段，他们缺少甄别信息的能力，各种虚假的乃至错误的思想观念在互联网上被广泛传播，会冲击大学生的价值观。自媒体、网络社区平台呈现出与主流价值观相区别的亚文化倾向，亚文化得到了一些大学生的青睐，而网络社区的特征为这种亚文化的传播提供了便利。大学生在自己的专属网络社交圈里受到"信息茧房"约束，在自身架起的圈层与外界之间设立了屏障。这给大学生的思想政治教育工作带来了严峻挑战。高校需要创新大学生的思想政治教育路径，提高思想政治教育的实效性。

（一）注重社会实践，实践育人

互联网环境已经让00后大学生形成了"浅碟化"的认知习惯，他们更倾向于接受直接的、形象的、实践性的内容。高校需要将社会实践与大学生的专业学习相结合，让大学生在实践中增长知识和见识，锤炼专业本领。首先，高校要加大专业教师指导学生开展社会实践的力度，将学科特色与实践育人相结合，精准对接学科前沿，融合学科专业特色，把专业学习和实践活动有机结合起来。其次，为了给大学生创造更多的社会实践机会，高校要充分调动社会资源，依托校企合作，共建校外实践育人基地，重点扶持大学生兴趣浓厚、专业特色鲜明、优势重点突出的实践育人项目，实现知识传授、社会实践和价值引领的密切贯通。最后，高校要积极选取实践育人示范基地，将思想政治素质培养与职业综合能力培养紧密结合，构建贴合社会需求、突出专业特点、适应个性发展的大学生社会实践教育体系，为进一步推进"00后"大学生的综合素质培养提供实践平台。

（二）注重课程思政，协同育人

"00后"大学生的思想状态呈现个性化、碎片化、多元化的特点。抽象的、空洞的思政理论已经不能吸引大学生。对于个性化的大学生来讲，富有前沿性、时代性和发展性的思想教育内容才能满足他们的需求。推动思想政治教育工作创新，要立足"00后"大学生的现实需求和真实关切，找准大学生思想政治教育的契合点、刺激点和兴奋点，充分挖掘各类课程的思政元素。高校应在非思政课程的内容中寻找德育元素，从专业知识背后的人文故事入手，将人、物和事件背后的隐性思政元素提炼出来，与思政课程协同育人，实现思政课程与课程思政的同向同行。大学生喜欢富有透彻学理分析和鲜活案例诠释的思政教育内容。思政课程的重点是进行透彻的学理分析，而专业课程能够给大学生提供大量的鲜活案例来诠释学理。首先，高校要积极引导思政课教师参与课程思政的建设，协助专业课教师深入挖掘和提炼各类专业课程中的思政要素，共同实现专业知识传授与思想政治教育的融合。其次，高校要形成整体管理制度和整体意识，真正构建课程思政与思政课程相互协同的局面，统筹推进思想政治教育阵地管理。

（三）注重线上教学，全面育人

传统教育模式已无法完全满足"00后"大学生丰富多彩的文

化需求，他们更愿意在互联网平台上追求生动形象的信息，而不是只在课堂上听枯燥乏味的理论讲授。针对"00 后"大学生的思想行为特点，高校应该积极利用互联网平台推动线上教育，依托大数据算法，满足大学生的思想需求。当前许多高校已经开始推行线上教育，但是，由于高校普遍缺乏互联网技术与管理人员，导致高校在互联网教育方面缺乏经验，使互联网教育不能满足大学生的需要。首先，高校要鼓励教师积极开设线上课程，同时共享优质线上课程资源，让大学生打破时空的限制，享受更多的优质教育资源。其次，高校要利用"00 后"大学生经常使用的网络社交平台开展思想政治教育工作，快速、准确地了解"00 后"大学生的兴趣及其关心的热点问题，做好引导和疏导工作。最后，高校要统筹规划高校人才队伍建设，通过加强培训与激励，引导思想政治教育队伍学习互联网技术，提高思想政治教育工作者的网络技能与素养；通过聘请熟悉网络技术的人员，优化网络思想政治教育队伍，打造能够满足大学生多样化需求的思想政治教育师资力量，提升网络思想政治工作的科学化水平。

（四）注重素质教学，技能育人

高校需要注重构建科学合理的网络信息素养课程体系，以培育大学生的网络信息技能，增强其网络信息意识，提升其网络道德素养。首先，高校要统筹教务部门、图书馆、网络中心、学生工作部门等力量，根据大学生的知识结构和需求，在不同年级设置不同的网络信息素养课程，课程形式应灵活，采用必修、选修、短期培训、在线课程、专题讲座等形式，与大学生原有的计算机基础课程互补。课程要注重实践性和实效性，动态地掌握大学生在网络信息素养方面存在的问题，并给予有效的解决方案。其次，高校可以通过举行网络信息技能比赛、网络情景剧比赛等激励大学生积极参与，提高大学生的互联网应用能力。最后，高校要充分发挥图书馆、网络中心的信息资源优势在网络信息素养课程中的载体效能。

图书馆、网络中心是高校的信息资源管理中心，拥有充足的信息资源，可以给网络信息素养课程提供有利的硬件环境。

三、构建完善的互联网监管体系

互联网平台的开放性和信息内容的共享性，增加了高校意识形态领域的风险，容易引发大学生对思想政治教育所倡导的价值观认同危机。教师通过教学在大学生头脑中构建的价值观念容易在网络平台上被瓦解。高校要对互联网上各种不良信息保持高度警惕，构建完善的大学生互联网监管体系，为大学生网络行为保驾护航。

（一）完善校园网络管理制度和运行机制

校园网络是学校重要的基础设施，已经深入教学、科研、管理、生活服务等各个领域。校园网络安全涉及学校工作的正常运行和师生合法权益的维护。为了维护校园网络的安全，高校要根据国家关于互联网管理的法规，进一步完善学校网络管理制度，构建网络技术防控体系，防止病毒、网络攻击，确保网络运行安全。大学生网络行为管理制度是大学生管理制度的重要组成部分。高校通过制定有关大学生网络行为规范的管理制度，可以对大学生的网络行为进行正向引导，防范网络行为失范的发生。现在，多数高校已经制定了校园网络管理办法和大学生网络行为规章制度，但这些制度的公认度和执行力度并不高。高校应加强相关制度的宣传教育，强化相关制度的执行力度。

校园网络是高校意识形态培养的重要阵地，高校要建立健全网络意识形态工作责任制，做好校园网络的舆论监管，切实做好学校各类网络、自媒体平台的登记备案及日常管理，落实校园网络用户实名制。高校要及时掌握网上舆情，适时引导网上舆论，建立健全校园网络舆情检测和应急处置机制，加强部门联动，实现校内信息共享、联防联控，及时阻止威胁社会、校园、学生安全的不良信息在网络上扩散传播和发酵。高校要把校园网络建设成传播先进文化、弘扬主旋律的重要平台，发挥校园网络在立德树人方面的重要作用。

（二）完善互联网平台意识形态风险防控机制

高校是网络意识形态安全风险需要高度关注的地方。高校的信息环境更加开放，大学生通过互联网可以接触到各种信息。一些社会突发事件往往会通过网络社交媒体被迅速传播。大学生对这些社会热点事件的关注度比较高，他们会对事件进行激烈讨论、发表意见、表达情绪，从而形成强劲的网络舆论。例如，2021年的"货拉拉女乘客坠车死亡"事件，"货拉拉司机"相关话题连续几天占据微博热搜榜，有6条相关话题的阅读量过亿。❶之后，相关话题不断发散，舆情发酵周期不断延长，进而产生了诸多揣测性网络言论，对于事实真相的渴求促使舆情热度进一步升温。央视新闻针对网络不正确言论专门发布评论，不到一天时间，阅读总量达2.7亿次。大学生在整个事件中发言频率高、观点新颖，成为整个事件舆情内容的重要组成部分。但是，大学生非常容易被网络上的错误信息左右，被居心叵测者利用。高校要严格落实政府所制定的关于网络信息监管的法律法规，建立健全互联网平台意识形态信息预警和防控机制，加大对网络信息安全的监管力度。首先，高校要建立由党委领导、党政工团学共管、师生共同参与的网络信息监管系统，让大学生的思想政治教育监管职能真正落到实处；细化学校党委、院系党组织对于意识形态工作的分工、考核、监督，一旦出现突发性事件，高校要以完善的机制及时介入应对，最大限度地提升大学生的思想政治水平。其次，高校要依托大数据技术建立网络舆情线上平台，加强对大学生的微博、微信等自媒体平台的监测预警和分析研判，引导大学生自觉遵守法律法规及社会道德要求，切实做到网络舆情早发现、早研判、早引导、早处置。最后，有条件的高校

---

❶ "货拉拉跳车事件"后续：在舆论漩涡中［EB/OL］.（2021－09－05）［2022－08－07］. https：//new. qq. com/rain/a/20210905A042RE00.

可以投入一些科技类的网络设备，增强对网络信息发布的监管力度，对互联网平台大学生意识形态的动态进行综合分析，研判风险点和动荡源，建立重大风险评估机制。

（三）培养大学生抵御负面网络信息的能力

大学生群体是社会中的正面积极力量，大学生不但要增强自己的自律性，还应该成为互联网的舆论监督力量。高校可以培养和鼓励大学生成为网络文明的监督力量，增强大学生的责任意识，让大学生通过互联网平台正面发声、理性思辨，主动传播正能量，守护网络精神家园。首先，高校要通过对网络知识的宣讲，加强大学生的网络安全教育，以提高大学生的网络安全意识和防范技能。其次，高校要通过对大学生的思想政治理论教育，提高大学生分析、研判网络信息的能力，让大学生在校园里养成自觉践行网络文明公约、遵守网络行为规范的思想意识。再次，学校要增强大学生的认知和辨识能力，使其主动发现各种网络不法行为，远离各种网络"陷阱"。最后，高校要增强大学生抵御各种不良言论的能力，帮助大学生独立辨识网络舆论的真伪善恶，使其主动屏蔽各种不良信息，不受各种错误言论、错误思潮的蛊惑。

四、提升思想政治工作者的互联网素质

在传统教育模式下，教师一般居主导地位，支配着整个教育过程，思想政治工作者的权威性是无法动摇的。而在互联网时代，大学生可以通过互联网获得海量信息，包括政府等官方消息都可以实时地从网络中获得，甚至比教师更早获得各种信息。大学生更容易接受和使用各种网络平台与网络技术，而教师在网络技能操作和使用方面可能滞后于大学生。教师不再是大学生获取信息的主要来源，大学生会对教师所讲的内容产生怀疑，教师传递信息的权威性和话语内容的垄断性受到消解。教师灌输式的教学模式已经不适应新媒体特征，无法满足大学生的需要，思想政治教育的政治引领与

灌输功能的预期效果受到影响。

在互联网上，大学生的自主性更强，他们日益成为网络话语的生产者与信息传播主体。自媒体让每个人都有机会成为信息的发布者和传播者，大学生会围绕自己关心的话题和网络热点话题自主进行评论。在自媒体时代，网络议题高频化、普泛化，思政教育无法提前准确预测网络新议题的走向。大学生的思想政治素养和网络行为规范教育需要一支优秀的教师团队作为支撑，组建一支具有网络信息素养的高素质师资队伍是高校加强大学生网络教育的关键。由于高校教师的专业背景和学校考核机制的限制，既具备较强的思想政治素养，又具备较强的网络技术素养的教师并不多。现在，很多高校的教师队伍是不能完全胜任互联网背景下大学生立德树人的根本任务的，特别是高校的思想政治工作者还没有完全适应互联网时代的要求。高校要积极探索网络时代教师职业培训的模式，不断提高教师的网络信息素养，提升思想政治工作者的网络素质。

（一）不断提高思想政治教育者的政治理论素养

习近平总书记在全国高校思想政治工作会议上指出："传道者自己首先要明道、信道。高校教师要坚持教育者先受教育，努力成为先进思想文化的传播者、执政党的坚定支持者，更好担起学生健康成长指导者和引路人的责任。"❶ 这要求高校思想政治教育者要与时俱进，不断提高自身的政治理论素养，只有这样才能做好新时代"00后"大学生的思想政治教育工作。首先，高校思想政治工作者要自觉学习马克思主义理论及其中国化最新成果，坚持用马克思主义理论武装自己的头脑，做马克思主义的坚定信仰者。教师只有自己成为马克思主义的坚定信仰者，才能把马克思主义理论传授给大学生。其次，高校思想政治工作者还要提高自身用马克思主义原理解决实际问题的能力。只有解决大学生的实际思想问题，用理

---

❶ 习近平. 把思想政治工作贯穿教育教学全过程 开创我国高等教育事业发展新局面 [N]. 人民日报，2016－12－09（01）.

论为大学生解疑答惑，才能得到大学生的认可，才能让大学生真正信服。最后，高校思想政治工作者要做好理论研究，吃透理论，只有将理论讲透彻才能说服大学生，展现理论的魅力。

（二）不断提高思想政治教育者的网络素养

面对"00后"大学生的网络行为特点，高校思想政治教育者本身的网络素养尤为重要。高校要为思想政治教育者的网络素养培训提供保障。首先，高校在对新入职的思想政治教育者进行岗前培训时，要纳入互联网知识和技能培训，一方面，要让他们掌握和了解自己即将从事工作的互联网素质要求；另一方面，要鼓励他们积极参与各种互联网平台，了解大学生的网络行为。其次，高校要不定期地对在职教师进行互联网技能培训。高校可以通过培训、专题讲座、实操练习等形式提高思想政治教育者对互联网的应用能力。高校还可以邀请一些互联网平台的技术管理人员对教师进行大学生最新互联网动态情况讲解，让教师了解大学生网络行为的特点和发展趋势，为教师实施具体思想政治教育工作提供专业技术分析依据。最后，高校要建立完整的考核制度，正确引导和激励思想政治教育者在网络素养方面不断进步。因为互联网的发展是日新月异的，不及时追踪就可能跟不上互联网发展的脚步。

第二节　高校思政课教师对大学生
网络行为的教育机制建设

随着互联网技术和各种新媒体在教学中的运用，思政课教师的作用和影响已经不仅体现在课堂内。当思政课教师所讲授的课程成为网络公开资源时，其不仅是知识的传授者，也是网络中的"意见领袖"，而且有许多高校思政课教师在互联网自媒体上开设了个人账号，直接参与网络舆论。高校思政课具有较高的思想政治理论水平，他们对大学生网络行为的教育引导具有很大优势。高校应该充分利用思政课教师的优势，建立和完善其对大学生网络行为的教育路径，更好地发挥其教育作用。

一、紧跟互联网发展，了解大学生的网络行为特征

（一）深入了解大学生的网络流行话语体系

思政课教师要进入大学生的内心世界，与大学生平等对话交流，主动了解大学生的所思所想，这样才能有针对性地对大学生进行教育，解决大学生的实际思想问题。现在，很多大学生的日常生活已经与网络行为融为一体，他们已经将网络流行语日常生活化。思政课教师要了解大学生的思想特点和心理状况，了解大学生群体的网络话语体系和各种流行语。大学生的话语体系是教师了解大学生的内心，从而与大学生无障碍交流的窗口。思政课教师通过使用网络流行语可以引起大学生的共鸣，从而更好地掌握大学生内心的想法。首先，思政课教师不应排斥大学生的网络流行语。思政课教师要尊重学生的思想主体性，深入了解大学生的网络流行语，增强自身对网络信息的敏感度，摸清词语背后所隐含的真正意蕴，从而真正了解大学生的思想状况。其次，思政课教师在了解大学生网络话语体系的前提下，可以准确地将网络实际案例与思想理论相结合，使大学生可以从鲜活的教学话语中感知到各种信息，使其教育容易被大学生所接受，最终可以帮助大学生构建符合社会主流价值的话语体系。

（二）深入了解互联网的特点和发展趋势

"互联网＋"已经深入教育的各种环境，互联网对大学思想政治教育的影响越来越大。随着互联网新媒体时代的到来，互联网意识形态阵地越来越重要。任何思政课教师都不能回避互联网，能否更好地掌握互联网知识已经成为衡量思政课教师是否合格的重要指标。首先，思政课教师需要随时掌握互联网发展的特点和趋势，不断提高自己的互联网素养。思政课教师既要提高自己的思想政治素

养，用马克思主义理论、共产主义理想信念和社会主义核心价值观引导大学生坚定社会主义理想信念，也要深入了解互联网的特点和一般发展规律，开启思想政治教育新渠道，占领网络意识形态教育阵地。其次，思政课教师要全面了解大学生的网络思想行为。互联网的新媒体时代使大学生自己获取知识更加便利，扩展了大学生的知识面，但同时也增加了大学生思想状态遭受各种不良思潮冲击的风险。思政课教师只有全面了解"00后"大学生的网络环境、网络社交方式和特点，才能有针对性地开展教育教学活动，提高教育的实效；只有理论联系实际，才能运用理论帮助大学生解决其在网络安全、心理健康、网络社交中面临的各种困难和思想困惑，增加大学生对思政课的认可度和喜爱度。

（三）积极参与大学生网络社交平台

网络社交平台作为大学生的聚集地，对大学生的思想行为有很大影响。作为思政课教师，需要深入了解网络社交平台对大学生思想政治教育的影响。首先，为了及时地了解大学生的思想状况和最新思想问题，思政课教师可以开通账号，加入大学生社交平台，在与大学生的交流中，及时了解大学生所关注的重点，掌握自媒体平台对大学生思想动态的影响，更好地将网络热点与大学生的实际生活紧密结合起来。思政课教师应在网络社交平台上通过评论发声发挥舆论的正能量作用，积极引导大学生的价值观，指导大学生正确判断各种网络言论信息。其次，在课堂上，思政课教师要根据大学生的实际问题和倾向，运用思想政治理论引导大学生在网络行为中摈弃浮躁的心理，不断丰富自己的知识内涵。例如，快手、抖音是当前大学生应用较多的短视频平台，教师可以在这些短视频平台上开通私人账号，并以思想政治教育的视角分析社会热点事件，强化自身与大学生之间的沟通交流，引导大学生树立社会主义核心价值观，丰富自己的互联网经验，并将实践经验运用到课堂理论讲授上。

二、利用互联网技术创新思政课课堂

传统的思政课教学模式已经不能适应互联网时代大学生的特点，思政课教师需要利用互联网技术创新思政课教学方式，提高思政课对大学生的吸引力。

（一）利用互联网平台进行混合式教学

思政课教师需要结合新媒体、新技术，利用慕课、雨课堂教学平台等，实现思政课教学的线上线下一体化，延展思政课教学的深度和广度，全方位地实现智慧教学。网络教学平台有利于教师与学生之间的全方位交流互动。思政课教师可以将互联网技术应用到教学过程中，以便更有效地进行课堂教学，提高教学效率。在课前，教师可以提前把教学的主要内容、重点难点及相关资料放到网上教学平台，以供大学生预习；可以采用扫描二维码的形式进行课堂考勤，这种考勤形式更有效率、更加精准。在授课过程中，教师可以把各种丰富多彩的辅助材料和教学案例放到网上教学平台中，为大学生理解相关理论提供丰富的资源。教师在课堂现场互动的同时，可以开启弹幕、投稿、参与评论等功能，通过网络平台交流，提高大学生课堂讨论的参与度。课后，思政课教师可以利用互联网教学平台进行随堂问卷调查，这样可以即时形成直观的图表形式，以反映学生的知识掌握状况。

（二）善用自媒体工具与大学生互动

一些大学生对手机存在严重依赖，课堂上存在大学生玩手机的现象，这严重影响了课堂教学效果。但实践证明，禁止大学生把手机带进课堂是不现实的。一方面，思政课教师应通过提高课堂教学的吸引力，把大学生从网络世界吸引到课堂教学中；另一方面，教师应充分利用手机的功能为教学服务。以手机为载体的自媒体延伸到思政课课堂教学，可以补充教师在课堂上不能深入讲解、大学生不易全部掌握的内容，能够扩展思政课的教学空间，丰富教学资源和内容。手机自媒体也能拉近教师与学生之间的距离，让二者的关系更加融洽。大学生正处于思想观念成熟期，他们会有迷茫、困惑的时候，思政课教师通过自媒体与学生交流，可以帮助其对学生进行价值引领，更好地为大学生答疑解惑。例如，大学生普遍使用微博、微信、QQ 等自媒体，思政课教师可以利用这些自媒体平台为教学服务。课前，根据课程建立学生的学习群，教师在群里发布一些开放性的思考题让学生思考，形成一种互动交流的学习氛围；课后，教师可以与学生进行交流互动，让学生提出有针对性的意见和改进思路。

（三）巧用互联网技术创新课堂教学方式

习近平总书记曾强调："要运用新媒体新技术使工作活起来，推动思想政治工作传统优势同信息技术高度融合，增强时代感和吸引力。"[1] 自 2020 年新冠疫情暴发以后，经过全国范围的线上教学实践，思政课教师开始熟练运用各种网络教学平台和教学软件，极大地改变了其教学理念。大多数思政课教师已经习惯于继续使用互联网技术进行混合式教学。思政课教师应该继续利用互联网技术不断创新课堂教学方式，实现教育的根本目标。首先，思政课教师可以利用大数据信息分析技术，快速把握当前网络社会的热点舆论，在对大学生进行教育时，精准地把握大学生的心理需求和情感价值偏好。其次，思政课教师可以利用互联网技术设计教学环节，采用网络平台互动、多媒体技术等多种形式构建线上线下互动模式来激发大学生的兴趣。最后，思政课教师可以在课堂上采用学生感兴趣的表达方式，如将抖音、B 站等融入课堂教学，以吸引大学生的注意力。

三、担当大学生网络行为的把关人

思政课是高校意识形态教育的主渠道，思政课教师要想坚守住

---

[1] 习近平. 习近平谈治国理政：第二卷 [M]. 北京：外文出版社，2017：378.

大学生思想阵地，就必须占领大学生的网络思想阵地。思政课教师要改变传统教育理念，树立互联网思维，发挥好思想政治教育对大学生全方位的引领作用。高校思政课教师在信息传播中有自己的优势，其不但具备一定的思想理论水平和语言表达能力，还有足够的能力精准把关大学生的言行。思政课教师有责任担当网络正能量的引导者，担当大学生网络行为的把关人。

（一）做大学生网络舆论场域的把关人

大学生乐于主动表达自己的意见，但他们的辨识能力和思维能力还不够强，因而很容易在网络舆论场域发表一些不理性的言论。与其他群体相比，思政课教师具有较高的马克思主义理论素养，能够以更专业的知识和更敏锐的洞察力研判网络舆论，分辨出网络舆论的真伪和动机；思政课教师长期处于思想政治教育的第一线，和大学生保持着密切的联系，比较容易切入大学生网络舆论场域，从而能够准确地了解大学生的内心想法和行为方式。因此，思政课教师更适合担当大学生网络舆论的把关人。首先，思政课教师要积极地参与网络舆论空间，熟悉互联网传播规律，熟练操作各种网络自媒体，登录大学生常用的微信、微博、QQ、知乎等自媒体平台，了解大学生的舆论方向。其次，思政课教师要运用马克思主义理论分析网络事件，凭借自己扎实的理论功底和学术素养帮助大学生释疑解惑，引导大学生对网络舆论的判断，矫正大学生的不当言论。最后，思政课教师要使用微信、QQ等社交工具与大学生进行自由交流、探讨问题，指导大学生正确地分析各种现实问题，理性地表达个人意见，扮演好思想导师的角色。

（二）提高大学生对各种错误思潮的"免疫力"

互联网是各种社会思潮泛滥的场所，大学生在互联网上会受到各种多元社会思潮的影响。一些错误思潮在某些社会势力的伪装下带有严重的欺骗性和诱惑性，对涉世不深的大学生来讲具有极大的危害性。因此，高校意识形态阵地不仅在课堂，更在网络。思政课教师不仅是知识的传播者，也是国家意识形态的捍卫者和宣扬者。如何避免网络错误思潮对思想政治教育作用的消解，是高校思政课教师面临的现实课题。思政课教师有责任提高大学生的相应素质和能力，以抵抗各种错误思潮对大学生思想的冲击。首先，思政课教师是大学生的思想引路人，要练好理论内功，提高自身的马克思主义理论水平，提升自身运用马克思主义理论分析和解决实际问题的能力。其次，思政课教师要增强自己的网络舆论把关意识，随时了解各种社会思潮的新特点、新动态、新趋势，善于分析这些社会思潮的本质，增强大学生对各种社会思潮的了解和认识。再次，思政课教师要在课堂系统讲授马克思主义理论，夯实大学生的理论功底，增强大学生明辨是非的能力，让大学生具备主动辨识各种社会思潮的能力，使其自觉抵制各种错误思潮的影响。最后，思政课教师还要敢于对错误思潮说"不"，面对错误思潮的泛滥，思政课教师不能选择失声，不能做意识形态领域的"老好人"，而要敢于担当，为大学生分析错误言论的思想根源和现实危害。

（三）在互联网平台积极传播正能量

大学生的价值观在自媒体时代呈现出个体化和多元化的特征。思政课教师除了可以在课堂上对大学生进行价值观灌输，还可以在自媒体平台上利用大学生所关注的一些热点话题对其进行正确引导，这样能够更有效地帮助大学生树立社会主义核心价值观。首先，思政课教师要结合互联网传播特点在网络自媒体上主动发表意见，带领广大青年学生不断提升网络舆论的正能量。大学生所关注的每个热点话题都能够在一定程度上反映社会价值属性，思政课教师可以从网络社会热点话题中选择典型案例，在课堂上通过案例分析向大学生灌输正确的价值观。其次，思政课教师要充分重视网络舆论的导向作用，创新话语表达方式，使用大学生喜闻乐见的网络表达方式，在微信、微博、短视频等平台上传播社会主义核心价值观。最后，思政课教师要积极引导大学生制作各种短视频、微动画等，以鲜活的形式在互联网上传播社会主义核心价值观。为了鼓励思政课教师积极参与互联网活动，高校要把思政课教师的网络教学和成果纳入其考核评价体系，通过政策措施激励思政课教师积极投身互联网思想政治教育工作。

第三节　高校辅导员对大学生网络行为的日常管理机制建设

"00后"大学生已经融入网络空间并形成了自己的网络生活圈。辅导员、班主任要深入了解大学生的思想状况，主动融入大学生的网络生活，参与大学生的网络生活圈，否则就可能和大学生生活在不同的"平行世界"中。辅导员应把网络空间作为思想政治工作的场域，将大学生网络生活状态和网络行为纳入日常管理工作，这样有利于了解大学生的网络行为，提高大学生管理工作的实效性。

一、积极参与网络空间，规范大学生的网络行为方式

互联网的发展改变了大学生的思维方式和行为习惯，同时也给高校的思想政治工作带来了新的挑战和机遇。大学生的生活空间由现实社会向虚拟网络空间的转换要求高校辅导员必须向虚拟空间转换，积极融入大学生的网络生活空间，创新虚拟空间中的思想政治工作方式，积极构建大学生的网络生活行为准则，这是互联网时代的必然要求。

（一）积极参与学生的网络生活圈

网络空间的平等性和互动性特点，为辅导员与大学生之间的平等交互、同向同行构筑了沟通桥梁。辅导员可以采用主动参与网络社交平台的方式融入大学生群体，以平等的身份与大学生进行网络交往，消除辅导员、班主任与大学生之间的距离感，取得大学生的

认可和信任。在网络生活空间，辅导员、班主任可以深入了解大学生网络生活的真实状态，掌握大学生在网络空间的行为特点和可能面临的问题。在网络空间中，辅导员应将自己的网络行为作为典型示范，以身作则地引领大学生遵守网络行为规范。辅导员、班主任等思想政治工作者应在网络空间中以大学生的话语方式引领网络舆论导向，这样可以增强大学生的认同感。思想政治工作者应将思政内容融入微博、微信、抖音短视频等平台，用大学生生活化的形式予以展现，寓思想政治教育于大学生的网络生活中，这样能够更好地实现价值引领和正能量传递。

（二）积极创新丰富多彩的网络思想政治教育工作方法

辅导员、班主任要改变传统的教育方式，积极采用网络新媒体手段。首先，辅导员要发挥校园网络的正面导向作用。校园网络在为大学生提供各种信息和便利的同时，也为其思想政治教育与管理工作提供了平台。校园网站、校园自媒体等为大学生的思想政治教育与管理提供了更多便利，校园网站为弘扬主流价值观创造了网络环境，校园自媒体为辅导员更方便地与大学生进行沟通提供了平台，校园大数据则为辅导员的学生管理工作提供了数据支持，等等。辅导员要善用这些网络平台做好思想政治工作。其次，辅导员要充分利用网络社交平台加强师生交流。目前，很多高校的辅导员都有繁重的工作，一位辅导员可能要管理几百名学生，一对一、面对面地与大学生交流沟通，对辅导员来讲是比较困难的事情。网络社交平台打破了时空的限制，为辅导员、班主任与大学生之间的交流沟通提供了良好的平台。社交平台的虚拟性、平等性特点又能避免大学生的尴尬，有利于沟通的深入进行。辅导员可以利用大学生常用的社交软件与其进行沟通，实现线下与线上交流的同步进行。最后，应发挥互联网资源的思想政治教育功能。辅导员的管理工作面临着互联网的挑战。大学生的思想与行为容易受到互联网的影响，互联网中的各种价值观和社会思潮影响着大学生的思想观念。

互联网汇集着大量的正能量资源，辅导员要充分整合和利用网络资源，创新对大学生进行教育管理的工作方法。

（三）牢牢掌握大学生网络生活的话语权

大学生的校园生活与网络生活高度一致，良好校园文化的构建离不开网络文化的建设。大学生经常活动的网络环境存在良莠不齐的情况，而网络环境的维护是一件复杂的事情，需要很多部门、很多行业的共同努力。高校辅导员可以在自己的能力范围内积极规范和引导大学生的行为，弘扬社会主流价值观，主动发声，牢牢掌握大学生网络空间的话语权，积极占领这个思想阵地，为大学生创造一个风清气正的网络空间。辅导员不仅要牢牢掌握校园文化建设的主动权，营造良好的校园文化氛围和秩序，也要牢牢掌握网络文化建设的主动权，营造良好的网络文化氛围。

辅导员要随时关注大学生的网络行为，以及时、公正、客观的评价机制引导大学生的网络行为。辅导员对大学生网络生活的评价要尊重学生的成长规律，贴近大学生的实际需要和发展要求，体现正确的价值导向。虽然互联网有其匿名性特点，但是辅导员要通过各种渠道了解大学生的网络行为，其对大学生网络行为的规范和监督不能缺席。辅导员要坚决防止和避免各种不良信息对大学生产生误导，对大学生错误的网络行为和言论要进行批评和纠正，对大学生积极健康的网络行为和言论要予以鼓励与支持。

二、主动融入大学生日常生活，解决大学生的实际网络问题

高校辅导员要主动融入大学生的日常生活，积极打造满足大学生现实和虚拟空间双重需要的师生关系。

（一）做好大学生日常生活中的价值引导

在网络新媒体时代，网络信息的多元化和碎片化加大了高校对大学生进行价值观引导的难度。在互联网上以各种形式存在的历史

虚无主义、新自由主义、普世价值论、民粹主义等对大学生有很强的迷惑性，给大学生的价值观建设带来了严重冲击。

高校辅导员作为教育工作者，应当积极宣传我国主流意识形态，不断坚定大学生的道路自信、理论自信、制度自信、文化自信。高校辅导员拥有对大学生价值观进行教育的天然优势。辅导员在大学生心中具有权威性和人格魅力，辅导员要树立好权威，运用好权威，在解决大学生日常实际问题的过程中传递社会主义核心价值观，引领大学生的价值观建设。高校辅导员要积极创新形式，丰富载体。首先，辅导员可以利用高校主题教育网站、"两微一端"自媒体平台，制作符合大学生主流价值观培育的网络作品，积极宣传马克思主义中国化的最新理论成果以及中华优秀传统文化，结合有关案例，贴近大学生生活实际，对其开展价值观教育。其次，辅导员要利用院会、班会、例会、党团会等途径，帮助大学生加强网络道德和国家网络安全的法律教育，充分认清错误价值观和不良网络行为的危害，引导大学生养成文明、健康、守法的互联网使用习惯。再次，辅导员要发挥自媒体、微媒体的优势，教育大学生养成良好的网络社交礼仪，注意社交媒体的行为规范；组织大学生开展优秀微视频、微博评比活动，鼓励大学生在日常生活中自觉践行社会主义核心价值观。最后，辅导员要深入课堂、宿舍、食堂、图书馆等大学生学习和生活的各个场所，认真地了解大学生在日常生活中的表现，及时发现大学生日常生活中的不良价值观倾向，做好大学生的价值观引导工作。

（二）引导大学生养成健康的生活方式

健康的生活方式是大学生综合素质的直接体现，对保证大学生的健康成长具有关键作用。健康的生活方式是大学生合理使用网络，规范网络行为的重要保证。而健康的生活方式离不开辅导员的正确引导，辅导员要高度重视大学生健康生活方式的养成。其引导作用的发挥依赖师生之间的有效沟通，辅导员应采用多样化的模式与大学生进行沟通，全方位地影响大学生的生活方式。

首先，高校辅导员要督促大学生形成"积极乐观、团结奋进"的宿舍文化。"00后"大学生从小伴随着网络成长，上网已经成为他们生活的一部分，但是，由于一些大学生对网络虚拟世界过于依赖，容易出现忧郁、孤独的负面情绪。宿舍文化和氛围是宿舍成员生活习惯的综合呈现，是对大学生生活方式影响最大的"小环境"。高校辅导员要监督大学生在宿舍文化建设方面弘扬正能量，积极融入集体，尊重差异和包容多样性，帮助大学生提升生活中的自我管理和自我调适能力。辅导员要勤走大学生宿舍，了解大学生上网情况，掌握熬夜上网、旷课上网的大学生信息，与其进行一对一的谈话，帮助其养成良好的作息习惯。

其次，高校辅导员要经常关注大学生的上课纪律情况，了解大学生上网玩手机的情况，关注学业明显退步的大学生，分析其是否存在"网瘾"的情况，及早预防大学生误入歧途，促使大学生端正网络态度，形成良好的上网习惯。

最后，高校辅导员要引导大学生积极参与校园文化活动。校园文化活动是高校开展隐性教育的重要载体。校园文化活动对丰富大学生的课余生活，将大学生从网络活动中拉回现实生活具有重要作用。各高校结合自身特点开展了各种各样的校园文化活动，如迎新活动、社团活动、文艺活动、交流活动、竞赛活动等。大学生参加这些活动能够锻炼自己的社交能力、提高个人综合素养，也能避免大学生沉迷于网络世界。网络空间对大学生充满吸引力，给校园文化活动的开展带来了极大的挑战。高校辅导员要积极探索灵活多变、丰富多彩的活动形式，避免千篇一律、枯燥乏味。

（三）关怀特殊群体，解决大学生的实际问题

高校辅导员的工作虽然繁杂琐碎，但也要突出重点。面对"00

后"大学生，辅导员要主动走到大学生当中，以大学生为主体，以问题为导向，通过解决大学生的新问题，有针对性地开展大学生的教育管理工作。为了提高工作效率，保护大学生隐私，辅导员要紧跟时代步伐，通过微信、QQ 等网络媒介，结合谈心谈话、日常活动管理等方式关注大学生动态，全面掌握大学生的生活和思想状况。关怀特殊群体，解决大学生的实际问题是高校辅导员规范大学生行为的重要抓手。有些大学生出于家庭、个人等原因，存在生活、情感、学习、心理等方面的困难或问题。高校辅导员应该关注、关怀这些大学生，用"爱"浇灌、用"心"栽培，建立特殊群体学生的工作台账，制订帮扶措施，做好这些大学生的心理健康教育工作，帮助他们建立自信，克服自卑心理，引导其积极融入大学生活。对于在网络上遭受财物诈骗、情感欺骗的大学生，辅导员要及时予以帮助和心理疏导，帮助其渡过难关；对于沉迷网络的大学生，辅导员要帮助其制订符合实际、有效可行的戒"网瘾"计划，充实业余活动，加强实践锻炼，实现身心全面发展；对于个别有严重心理问题的大学生，辅导员要联系心理专家对其开展心理辅导，并及时联系学生家长，早发现、早教育、早引导。

三、组织各种社会实践活动，提升大学生的综合素质

（一）组织大学生有序开展网络实践活动

网络实践活动是大学生丰富生活的重要载体，是提升大学生能力和素质的重要平台，对培养大学生的健康网络习惯具有重要意义。大学生通过实践调研、角色扮演、参与游戏等实践过程，能够发现自己的问题，想办法解决问题，在实践中不断成长。高校辅导员需要具有较为先进的思想政治教育理念，从思想上重视网络的力量，将网络媒体与思想政治教育工作结合起来，发挥网络媒体的积极作用。首先，高校辅导员应积极组织和鼓励大学生参与网络实践

活动，例如，鼓励和引导大学生开展网络技能、多媒体设计、竞技游戏等竞赛活动，充分发挥网络技能在促进学业方面的重要作用；引导大学生围绕网络热点事件开展辩论、讲座等活动，提高其对网络热点事件的分析能力；鼓励大学生运用多媒体技术进行微视频作品拍摄、原创作品制作等，使其在实践活动中获得更多幸福感和成就感。其次，高校辅导员要熟练运用各种新媒体，通过各种网络实践形式了解大学生的喜好与需求。最后，高校辅导员要随时关注网络和大学生的网络言行，及时掌握互联网发展的脉搏，把握大学生的思想动态，根据大学生的具体发展要求，探索设计大学生网络实践方案，提高网络实践活动的准确性和实效性。

（二）丰富大学生的社会实践活动

高校辅导员要为大学生创造更多接触现实社会的机会。社会实践是大学生的"第二课堂"，通过参与社会实践，大学生能够接触社会，增加其与人进行实际交流的经验，增强其社会责任感、集体意识和团队精神，丰富其社会阅历，提高其社会沟通能力和抗压能力。首先，高校辅导员应整合学校社会资源，丰富社会实践活动，为大学生提供接触社会、了解社会的机会。辅导员可以将互联网新技术与传统实践资源相结合，把人工智能、"互联网＋"应用到红色教育基地、纪念馆、博物馆等的参观活动中，让实践内容和形式更为丰富多样，更加全面地发挥实践活动的作用。其次，高校辅导员应改变以往"一刀切"的社会实践模式，利用互联网大数据技术，了解每一位大学生的才能、兴趣和需求，创新丰富多样的社会实践形式，结合每一位学生的特点安排社会实践活动，为每位大学生提供自我培养、自我发展的广阔平台。再次，高校辅导员要注重大学生的网络技术优势，让大学生的网络技术优势在社会实践活动中充分体现出来。高校辅导员在引导大学生利用课余时间积极参加各类竞赛、科研创新、实践实习等活动时，应打造实践活动的网络平台，在网络平台上发布各种信息，营造实践氛围，更好地提升社会实践活动的效果。最后，高校辅导员可以利用大学生熟悉网络的特点，利用网络平台加强大学生的创新创业教育，鼓励其利用互联网平台参与创新创业等社会实践活动。在新时代的大环境下，创新创业是"00后"大学生面临的时代课题。大学生多参加创新创业实践活动，能够提升其创新创业的能力。高校应该充分利用各种社会资源，多为大学生提供参与创新创业实践活动的机会。

结　语

在新媒体时代，网络行为成为大学生成长与发展的有机组成部分。大学生在网络空间中的思想行为特点对高校立德树人教育提出了新的要求。网络是虚拟的，但高校对大学生的教育管理不能缺席。高校在教育内容、教育方法、教育理念等方面都面临着深刻的变革，抓住机遇、迎接挑战，是高校顺应新媒体生态变化和网络空间发展的应有之义。高校的根本任务是立德树人，其应积极利用网络新媒体所带来的机遇，改进大学生网络行为教育管理的内容和方法。高校应基于大数据技术，对大学生网络行为数据进行挖掘，通过对数据进行分析，进一步加深对大学生网络行为特点和规律的认识，实现教育管理模式的创新。

目前，我国高校对大学生网络行为的教育管理虽然取得了显著的成效，绝大多数大学生在网络空间中呈现出良好的行为状态，但仍有少数大学生的网络行为存在失范、偏轨的现象。因此，应加强对大学生网络行为的教育管理，提高其独立交往和处理问题的能力，使其自觉规范自己的网络行为。首先，本书通过数据分析和实证研究，准确而客观地分析了大学生网络行为的现状，有针对性地提出了大学生网络行为教育管理的路径。其次，本书综合运用思想政治教育、社会学、心理学、传播学等多学科的理论，将大学生网络行为作为对象进行系统的研究，初步梳理了一套分析大学生网络行为的理论框架和话语体系。这些理论认识对推动大学生网络行为研究能够起到一定的促进作用，为高校开展大学生网络行为教育管理工作提供了有益的借鉴。

　　虽然本书对新媒体背景下大学生网络行为教育管理的目标、理念、原则和具体机制进行了一些思考与探讨，但仍有很多涉及不到的内容。一方面是因为笔者的知识水平和研究能力存在不足，另一方面是因为互联网技术仍然在迅猛发展，网络空间生态和网络行为类型不断出现新的样态与特点。学界应该持续不断地对大学生网络行为研究投入更大的精力和更多的资源，充分利用各学科最先进的理论成果，不断追踪大学生网络行为，掌握大学生网络行为的特点和规律，使高校大学生网络行为教育管理更贴近时代发展要求，使教育管理方法更加科学合理。

参考文献

［1］马克思，恩格斯．马克思恩格斯选集：第1卷［M］．北京：人民出版社，2012．

［2］马克思，恩格斯．马克思恩格斯文集：第1卷［M］．北京：人民出版社，2009．

［3］习近平．习近平谈治国理政：第二卷［M］．北京：外文出版社，2017．

［4］习近平．青年要自觉践行社会主义核心价值观：在北京大学师生座谈会上的讲话［M］．北京：人民出版社，2014．

［5］教育部社会科学司．普通高校思想政治理论课文献选编（1949—2008）［M］．北京：中国人民大学出版社，2008．

［6］匡文波．新媒体概论［M］．2版．北京：中国人民大学出版社，2017．

［7］宫承波．新媒体概论［M］．6版．北京：中国广播影视出版社，2017．

［8］侯均生．西方社会学理论教程［M］．天津：南开大学出版社，2007．

［9］沙莲香．社会心理学［M］．北京：中国人民大学出版社，2002．

［10］章国锋．关于一个公正世界的"乌托邦"构想：解读哈贝马斯交往行为理论［M］．济南：山东人民出版社，2001．

［11］柯兰，芬顿，弗里德曼．互联网的误读［M］．何道宽，译．北京：中国人民大学出版社，2014．

［12］科瓦奇，罗森斯蒂尔．真相：信息超载时代如何知道该相信什么［M］．陆佳怡，孙志刚，译．北京：中国人民大学出版社，2014．

［13］波斯特．信息方式：后结构主义与社会语境［M］．范静晔，译．北京：商务印书馆，2000．

［14］郑，伯罗－桑切斯，德鲁．青少年在线社会沟通与行为：网络关系的形成［M］．刘勤学，黄飞，熊俊梅，译．北京：世界图书出版公司，2014年．

［15］斯皮内洛．铁笼，还是乌托邦：网络空间的道德与法律［M］．2版．李伦，等译．北京：北京大学出版社，2007．

［16］哈贝马斯．作为"意识形态"的技术与科学［M］．李黎，郭官义，译．上海：学林出版社，1999．

［17］霍克海默，阿道尔诺．启蒙辩证法（哲学断片）［M］．渠敬东，曹卫东，译．上海：上海世纪出版集团，2006．

［18］迪克．网络社会：新媒体的社会层面［M］．蔡静，译．北京：清华大学出版社，2014．

［19］勒庞．乌合之众：大众心理研究［M］．冯克利，译．桂林：广西师范大学出版社，2007．

［20］冉花，陈振．国际教育信息化研究系列Ⅰ：国际教育信息化机制策略—美国篇［J］．中国教育网络，2012（7）：34－36．

［21］毛春华．国外教育信息化发展战略对我国的启示［J］．中国成人教育，2017（12）：103－106．

［22］蒋宏，徐剑，郑菁菁．网络电视的传播特点及发展趋势［J］．电视研究，2004（10）：46－47．

［23］宫承波．新媒体文化精神论析［J］．山东社会科学，2010（5）：60－64．

［24］竺照轩．试析新媒体与高校思想政治教育的深度融合［J］．学校党建与思想教育，2022（6）：64－66．

［25］严洁，姜羡萍．新媒体视域下创新高校思想政治教育探析

［J］．学校党建与思想教育，2021（20）：72－74．

［26］ 施春陵．从沉默到协商：高校在新媒体事件中的主体构建研究［J］．江苏高教，2021（12）：84－87．

［27］ 滕建勇，严运楼，丁卓菁．大学生网络行为状况分析及教育对策［J］．思想理论教育，2015（5）：81－84．

［28］ 田川，吴俊．大学生网络行为特征及教育引导：以江西10所高等学校为例［J］．教育学术月刊，2017（12）：73－80．

［29］ 周敏．大学生社交网络行为特点及教育对策［J］．学校党建与思想教育，2017（12）：53－55．

［30］ 李小玲．"微时代"大学生网络行为新样态与引导策略［J］．思想理论教育，2019（3）：79－83．

［31］ 滕建勇，严运楼，丁卓菁．大学生网络行为状况分析及教育对策［J］．思想理论教育，2015（5）：81－84．

［32］ 朱琳．大学生网络行为失范的类型、成因与对策［J］．华东师范大学学报（教育科学版），2016（2）：88－95，121．

［33］ 邓艳葵，旷晓霞．全媒体环境下大学生网络行为失范分析与干预：以广西高校为例［J］．思想理论教育导刊，2016（9）：151－155．

［34］ 熊澄宇．对新媒体未来的思考［J］．现代传播，2011（12）：126－127．

［35］ 彭兰．"新媒体"概念界定的三条线索［J］．新闻与传播研究，2016（3）：120－125．

［36］ 韦路，丁方舟．论新媒体时代的传播研究转型［J］．浙江大学学报（人文社会科学版），2013，43（4）：93－103．

［37］ 王文杰，袁文，杨蕾，等．新媒体环境下高校共青团工作方法创新研究［J］．学校党建与思想政治教育，2013（6）：85－87．

［38］ 匡文波．第五媒体发展新亮点［J］．传媒，2012（1）：65－68．

［39］张文杰，姜素兰．论网络交往行为的新特点［J］．自然辩证法研究，1998（10）：43－46．

［40］周运清，苏娜．网络行为与社会控制［J］．情报杂志，1999（3）：11－13．

［41］孙旻．试论网络行为主体的权利与义务［J］．岭南学刊，2001（6）：98－100．

［42］张一涵，袁勤俭．理性行为理论及其在信息系统研究中的应用与展望［J］．现代情报，2018（11）：145－153．

［43］李慧敏，林启修．大学生网络道德行为、网络使用与自我意识的关系［J］．哈尔滨职业技术学院学报，2020（2）：131－133．

［44］司国东，赵玉．学习技术产品的市场现状与发展趋势［J］．计算机教育，2013（7）：90－93．

［45］廖丽洁．美国大学生自主学习能力培养与启示［J］．深圳职业技术学院学报，2019（4）：72－74．

［46］杨绍兰．信息伦理学研究综述［J］．情报科学，2004（4）：390－394．

［47］李静．重大公共卫生事件中应对网络谣言的道德与法治教育：新加坡的创新经验及启示李静［J］．南方论刊，2020（12）：53－56．

［48］中共中央、国务院关于深化教育改革全面推进素质教育的决定［J］．人民教育，1999（07）：4－7，12－13．

［49］肖峰．论作为一种理论范式的信息主义［J］．中国社会科学，2007（2）：68－77．

［50］田辉．我们从日本超级智能时代的学习变革中看到什么［N］．光明日报，2020－07－28（15）．

［51］习近平．坚持军报姓党　坚持强军为本　坚持创新为要　为实现中国梦强军梦提供思想舆论支持［N］．人民日报，2015－12－27（01）．

［52］习近平．胸怀大局把握大势着眼大事　努力把宣传思想工作做得更好［N］．人民日报，2013－08－21（01）．

［53］习近平．敏锐抓住信息化发展历史机遇 自主创新推进网络强国建设［N］．人民日报，2018－04－22（01）．

［54］习近平．在网络安全和信息化工作座谈会上的讲话［N］．人民日报，2016－04－26（02）．

［55］习近平．把思想政治工作贯穿教育教学全过程　开创我国高等教育事业发展新局面［N］．人民日报，2016－12－09（01）．

［56］习近平．青年要自觉践行社会主义核心价值观［N］．人民日报，2014－05－05（02）．

［57］习近平．举旗帜聚民心育新人兴文化展形象　更好完成新形势下宣传思想工作使命任务［N］．人民日报，2018－08－23（01）．

［58］习近平．决胜全面建成小康社会　夺取新时代中国特色社会主义伟大胜利［N］．人民日报，2017－10－19（02）．

［59］SHOTT S. Emotion and social life：A symbolic interactionist analysis［J］. American Jouranl of Sociology，1979（84）：1317－1334.

［60］AJZEN I. The theory of planned behavior［J］. Organizational Behavior and Human Decision Processes，1991（50）：179－211.

［61］LUSK B. Digital natives and social media behaviors：An overview［J］. Prevention Researcher，2010（17）：3－6.

［62］VALCKE M，DE WEVER B，VAN KEER H，et al. Long－term study of safe internet use of young children［J］. Computers & Education，2011（57）：1292－1305.